请别当众夸奖我！

受困于"好孩子综合征"的日本年轻人

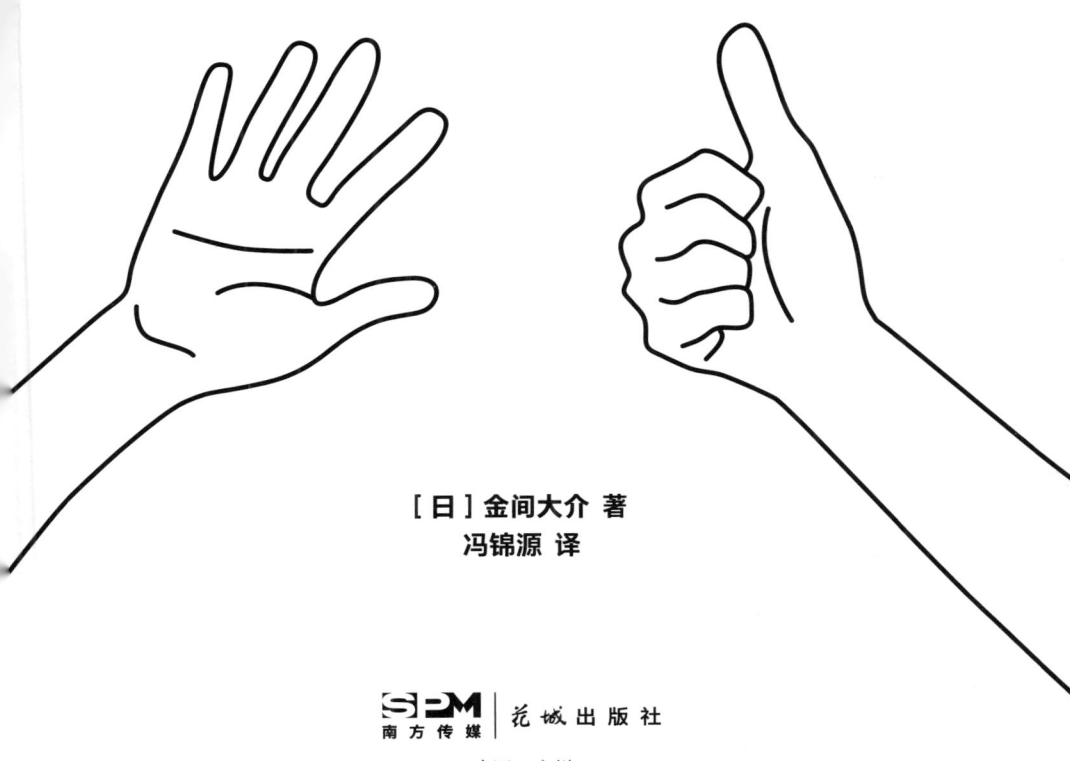

［日］金间大介 著

冯锦源 译

SPM 南方传媒 | 花城出版社

中国·广州

图书在版编目（CIP）数据

请别当众夸奖我！：受困于"好孩子综合征"的日本年轻人／（日）金间大介著；冯锦源译. -- 广州：花城出版社，2025.3. -- ISBN 978-7-5749-0305-0

I．C913.2-49

中国国家版本馆CIP数据核字第2024VC4107号

SENSEI, DOUKA MINANO MAEDE HOMENAIDE KUDASAI by Daisuke Kanama
Copyright © 2022 Daisuke Kanama
All rights reserved.
Original Japanese edition published by TOYO KEIZAI INC.
Simplified Chinese translation copyright © 2025 by Guangdong Flower City Publishing House
This Simplified Chinese edition published by arrangement with TOYO KEIZAI INC., Tokyo, through CREEK & RIVER Co., Ltd. and CREEK& RIVER SHANGHAI Co., Ltd.

著作权合同登记号：图字 19-2024-098 号

出 版 人：张　懿
责任编辑：刘玮婷　徐嘉悦　鲁静雯
责任校对：衣　然
技术编辑：凌春梅
装帧设计：DarkSlayer

书　　名	请别当众夸奖我！——受困于"好孩子综合征"的日本年轻人 QING BIE DANGZHONG KUAJIANG WO!——SHOUKUN YU "HAOHAIZI ZONGHEZHENG" DE RIBEN NIANQINGREN
出版发行	花城出版社 （广州市环市东路水荫路 11 号）
经　　销	全国新华书店
印　　刷	佛山市浩文彩色印刷有限公司 （广东省佛山市南海区狮山科技工业园 A 区）
开　　本	880 毫米 ×1230 毫米　32 开
印　　张	6.75　2 插页
字　　数	140,000 字
版　　次	2025 年 3 月第 1 版　2025 年 3 月第 1 次印刷
定　　价	45.00 元

如发现印装质量问题，请直接与印刷厂联系调换。
购书热线：020-37604658　37602954
花城出版社网站：http://www.fcph.com.cn

前　言

抱歉，话题起得有点突然，假定您现在是一名大学生。本书读者中可能真的有大学生，也可能有中小学生。不过这些都不成问题。有些读者可能没上过大学，也不了解大学生活，也没关系。

请想象一下，在广阔的校园里，您走进一间偌大的教室，来上最早的一堂课。

暂停。我想问您一个问题：此刻，您打算坐在教室中的哪个位置？

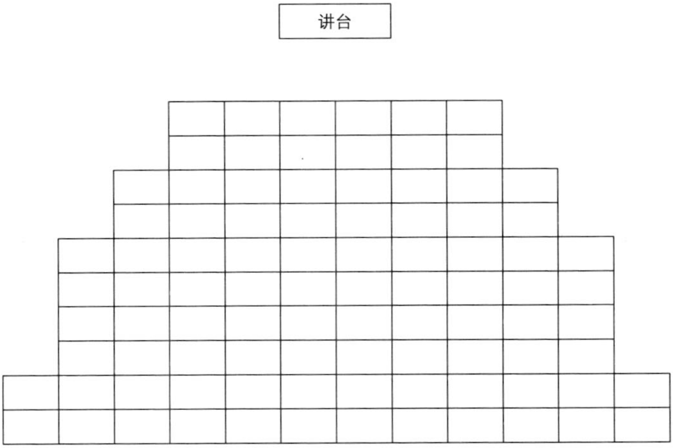

图 0-1　普通格局的大学空教室

请根据图 0-1 进行想象。提前介绍一下，大学课堂除了小规模的语言讲座或实操类的课程以外，学生可以自由落座。

如果您是个典型的用功好学生，准会选择第三排前后的座位。

又或者您是悄悄仰慕老师的害羞学生，或许会坐在最前排的角落，以便从头到尾观察老师。

然而绝大多数学生不一样，他们前一天要么刷社交媒体到深夜，要么在餐厅打工到凌晨才合眼，此刻都困得不行。

归根结底，很多学生来大学不是为了学习。大学对他们来说是享受校园生活的地方，而校园生活与学习无缘。所以他们不会在这里刻苦用功。

可他们还是早早来上第一堂课，不是很了不起吗？简直是"神"呢。

作为其中一员的您大概会坐在教室后方的两翼位置，在那里就算把手机放在笔记本上也不会被老师发现。

您虽不至于分秒必争地想看手机，此刻也能瞄一眼朋友刚上传的限时动态[1]，或者戴上一边耳机刷刷油管（YouTube）。而且坐在这附近的话，也方便和那位总是迟到的朋友会合。

当然，以上并非您的全部选项。还有一种可能是课堂上没有认识的同学，比如您正好选了此前就很感兴趣但非本学院的课。

---

[1] 一般指照片墙（Instagram）的限时动态，以照片或短视频为主，仅在发布后的 24 小时内可见。——编者注（后文脚注如无特别说明均为编者注）

不过这只是非常乐观的解释，教室里没有熟人，往往意味着您是留级生。除了包括自己在内的少数几人外，其余都是低年级生，使您感觉自己仿佛在人堆中孑然一身。

这种情况下，您很难再选择教室后方的两翼，因为您知道那里是低年级学生扎堆的地方。所以您会选择靠前一点的中央两侧，以便避开老师频繁的视线。只要不怕被空调直吹，那儿也不算太糟糕。

图 0-2 显示的，便是以上代表日本全国大学生小心思的结果。

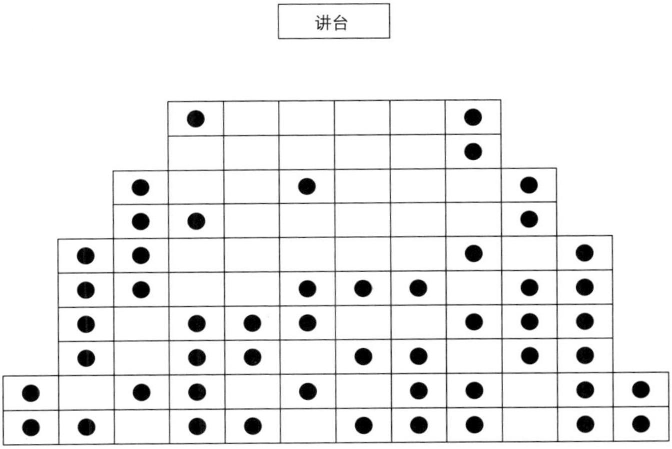

图 0-2 普通格局的大学教室落座分布（过去）

有没有感觉似曾相识、被勾起了回忆？

假如您的答案是肯定的，说明您离开校园已经有些年头了，年龄在三十岁以上。

其实，下一页的图 0-3 才说明了如今大学生的典型落座习惯。

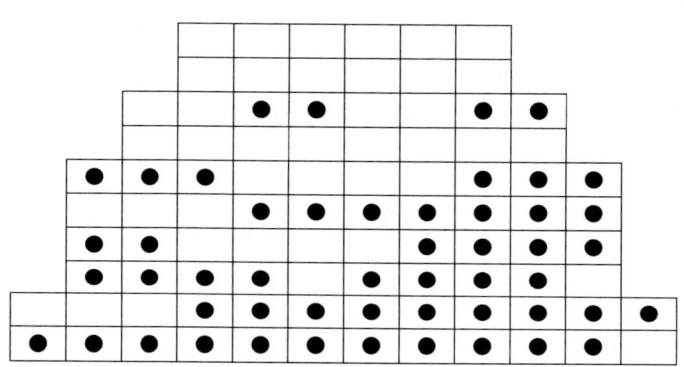

图0-3 普通格局的大学教室落座分布（现在）

能看出和上一张图的不同吗？为了方便说明，我特意选择了相同的教室和学生人数（●的数量）。

没错，两者的差别在于学生间的距离，很明显，图0-3更紧密。

若干年前，或者说在笔者求学的年代，同学间空开一个位子是司空见惯的。这样不仅方便把包放在空椅子上，也避免了两个男生紧挨在一起的尴尬。中间只隔一个位子，随时都能聊天。尽管学生们偶尔会三三两两坐在一起，不过两侧都不空出点位置来总叫人不自在。

然而今非昔比，无论几个人，只要彼此认为对方是朋友，就可以肩并肩成排坐。结果，教室后排的位置经常人满为患。

从讲台上看下去，笔者会有点心疼他们挤在一起的样子。我猜学生是在别的课上被老师命令这么坐,于是老实听话的他们将那种规则也带到了我的课堂上。

所以好心的笔者会对学生们说:"在这门课上你们可以随便找座位,看,那边有那么多空位,可以坐得舒服点。"

笔者岂止是好心,简直是菩萨心肠,为了方便学生换位置还给了他们十分钟课间休息。

课间休息时间

休息时间结束,我们再来看看座位分布情况。

直接说结果:跟休息前一模一样,同学们还是自愿坐在原本的位子上。这意味着,人满为患的落座方式是他们最称心的选择。

除此之外,通过每年观察学生落座分布的情况(其实就是每年都在给他们上课啦),我不可能没注意到他们之间的"男女有别"。

具体而言,男生和女生分开坐的现象一年比一年明显。近来甚至经常能看到他们将教室一分为二的坐法,以至于偶尔有女生坐在男生之间就会显得很突兀。

介绍完自己的菩萨心肠后,我想问的是:学生们为什么变得喜欢这样的落座方式呢?重申一遍,这是他们最称心的选择。那么,其中究竟有怎样的心理动机呢?

本书主要的研究对象是包括大学生在内的当代青年,笔者将尝试解读他们复杂又微妙的心态。

很早以前就有人说"如今的大学生都老实听话",还说他们"脆弱、敏感、让人摸不着头脑"。不过随着时代的变化,年轻人的心理也在逐渐(或者说急速)改变。本书将他们如今的倾向称为"好孩子综合征",并尽量解释得浅显易懂。

在此我要向各位读者做出两点保证:

首先,本书力求做到简明、风趣,时不时夹杂蹩脚的笑话。不过,也会保持我作为动机与创新理论研究者的视角。

所以本书并不是依靠单纯的经验或思考实验完成的(尽管多少有一些),内含大量以学术视角加以探究的内容。实证主义的概念已经不再局限于学术界,在普通人的生活中也开始占有一席之地,我希望通过自己的方式将数据和逻辑构成的象牙塔世界以通俗的方式呈现给大家。

另外,笔者的研究成果会在卷末予以列明。如果您对本书及笔者的研究有兴趣,请不妨读一下《动机的科学:提高知识创造性的方法》(创成社,2015)——恳请责编不会删掉这条小广告。

其次,本书将以幽默(多少带点讽刺)的方式描绘如今的年轻人。但是,在大学里和他们朝夕相处的笔者也深知,有很多年轻人都在为争取光明的未来而努力奋斗。

我从年轻人身上的的确确获益良多,而且他们也让我强烈意识到,应该改变的不是他们,而是长者们构建的社会。

此外,在写这本书的时候,笔者也和可敬的同事们一起创立了崭新的教育组织"金泽大学融合学域"。我们希望通过文理融合的学习来培养引领创新的人才。假如您对笔者的教育活动有兴趣,敬请通过访问我们的网站来信交流。

目　录

第一章　老师，请别当众夸奖我
　　　　　不想当出头鸟的年轻人

听话、认真的好孩子 / 003
对"关注"一词的新解释 / 004
最讨厌的课 / 005
第一堂课该上就上 / 007
允许匿名就有反应 / 009
夸赞带来的压力 / 010

第二章　无论成功与否，请对我们一视同仁
　　　　　梦寐以求的极端平均主义

恐怖的研讨会选择（起点） / 015
恐怖的研讨会选择（终点） / 019
日本人眼中最公正的分配方式 / 020
当代大学生眼中最公正的分配方式 / 023
年轻人为何排斥竞争？ / 026
受人恩惠不再回报 / 028

第三章　提议被采纳是件可怕事
无法自己做决定的年轻人

一个女大学生的故事 / 033

某棒球队的故事 / 035

害怕做决定 / 036

有父母帮忙做决定就能努力 / 037

以"遵循先例"进行自我防御的战略 / 042

靠网红帮自己选择 / 043

连消费都不能自己决定 / 045

是大伙儿一起选的 / 047

要是怪到自己头上可怎么办？ / 048

极端善于受人帮助 / 049

第四章　总是在担心自己与众不同
在人际关系上慎之又慎

大学校园内的某个午休时刻 / 055

排队是因为不想与众不同 / 057

最怕做自我介绍 / 058

连"积极分子"都成了老皇历 / 061

日本与亚洲其他国家对"摆拍"的理解差异 / 061

问题是在谁的眼中"出风头" / 063

"你好，迈克"事件 / 064

缺少竞争意识 / 065

竞争让位给配合 / 068

配合让位给同步 / 069
孩子们不再举手的时期 / 071
不想破坏气氛就必须表演 / 072

第五章　在求职过程中也照常发挥的好孩子综合征
——一味追求稳定

面试官火大的原因 / 077
培训制度是怎样的呢？/ 078
该穿求职套装吗？/ 079
穿求职套装是为了谁？/ 082
求职申请表也越来越雷同 / 083
挤破头想当公务员的真正原因 / 085
他们眼中的"稳定" / 088
正因如此，人岗不匹配的现象持续存在 / 093
莫名恐惧从平辈到上下级的关系 / 097
被上司提问就去找同辈 / 098
误解了年轻人对工作与生活的平衡取舍 / 101
会参加团建酒会 / 104

第六章　有人来求，就会去做
——对贡献社会的扭曲向往

年轻人的四大职业观 / 109
新人员工的工作目的和贡献社会的意愿 / 111
问题是，年轻人眼中的贡献社会究竟指的是什么？/ 113

让人震惊的强烈自卑 / 114
明明缺乏自信，却想为社会做贡献 / 116
不愿献血，却想为社会做贡献 / 117

第七章　因为我没那种能力
彻头彻尾缺乏自信的年轻人

明显欠缺对自我和自身能力的肯定 / 125
日本人在创业精神方面的缺失 / 128
缺乏三兄弟 / 131
越准备越患得患失的日本人 / 133

第八章　一味等待指示
年轻人的学历社会倾向与走关系倾向

等待指示的年轻人们 / 139
更倾向于保守稳定 / 142
令和时代的学历至上主义 / 145
年轻人反而越来越重视走关系 / 147
实习是为了"争夺既得利益" / 148
对保守倾向的正确解释 / 150
等待指示的人，其价值将随着信息化被抹去 / 151

第九章　拖队伍后腿的日本人
年轻人成长的社会

为难人的日本人 / 157

"搭便车"的报酬 / 159
消防员的靴子 / 161
恐惧互相帮助的日本人 / 162
在 126 个国家和地区中排名末位 / 163
与他人保持同步正是日本人一直以来的特有气质 / 168
三个臭皮匠究竟是群智，还是群愚？ / 169
我们有权对年轻人抱以期待吗？ / 171
年轻人只尊敬现役选手 / 173

第十章　写给有好孩子综合征的年轻人
改变环境，改变自我

某个研讨会学生的转机 / 177
不存在普通的工作 / 178
气氛和保持同步的压力源头 / 180
一切都是主观 / 182
学习的目的 / 184
有目的的学习能使自己进步 / 187
致那些为找不到想做的事而烦恼的人 / 189
在不知不觉间改变行动的两种方法 / 191
改变记笔记的方式 / 193
你已有所成长 / 194

谢词 / 196
作者研究成果列表（摘录主要项目） / 198

第一章

老师，请别当众夸奖我

不想当出头鸟的年轻人

听话、认真的好孩子

人们常说，如今的年轻人"听话""认真"，却也"让人摸不着头脑""没有主见"。

这并不是对两种人的评价，而是从不同角度对同一种年轻人做出的评价。

本书将这一类年轻人统称为"好孩子"，我会尽量以轻松的方式解释他们表面上难以捉摸的气质和可爱的特征。

首先直奔主题，好孩子秉持如下行动原则：

- 能和周围人搞好关系，具备合作精神；
- 看起来年轻、阳光；
- 在学校和职场与周围人保持一致；
- 假如五个人一起排顺序，就尽量选第三或第四位；
- 被吩咐什么就干什么，不会多干；
- 常听别人的意见，自己却不发表意见；

- 不到最后一刻不报忧；
- 不提问题；
- 恐惧上下级关系，看重平辈、平级关系；
- 在课堂和会议中销声匿迹，躲在后面，泯然众人；
- 在互联网上也销声匿迹，泯然众人；
- 如果提问是面向包括自己在内的整个团体的，则不做任何反应；
- 遵守规矩；
- 最讨厌当领导者；
- 缺乏自我肯定；
- 讨厌竞争；
- 没什么想做的事。

本书将以上当代年轻人的行动原则和心理特征定义为"好孩子综合征"，包括从大学生到二十五六岁的年轻人。

接下来，就让我们看看患上好孩子综合征的年轻人身上的种种表现吧。

对"关注"一词的新解释

各位读者对"关注"这个词有怎样的理解呢？

根据《广辞苑：第七版》（岩波书店，2018），"关注"意味着"关心重视、注目、着眼"。

它不算贬义词，但是在日本社会的实用场景中，却往往另作他用。

比如，职场人士会说：

"工作上出现了失误，被人关注了。"

"那个喜欢职权骚扰的上司关注我了。"

换作初中生就变成：

A："前两天老师看到我骑自行车带人了。"

B："哦，你准会被关注。"

总而言之，这个词在他们看来约等于"干了不好的事又引起了别人的注意"。

那如今的大学生会怎么用它呢？

答案如下：

C："昨天在课堂上我又回答了老师的问题，连续两周这样，说不定要被关注了。"

D："哎哟，你可真够倒霉的。"

看出差别了吧？简单说，当他们做了一般大众眼中的好事时会用这个"贬义词"（岩波书店辞典编辑部的各位，请务必为《广辞苑》的释义添加用例）。

对了，D想必会给C如下的建议：

"哎哟，你可真够倒霉的。之后被问到的话，每两次要有一次不要马上作答，装作在思考的样子。老师等得不耐烦，就会去找别人。"

最讨厌的课

按照以上思路，我想再问大家一个问题：

下列课程中，哪一种是当今大学生最讨厌的？

- 指定座位；
- 总是拖堂；
- 太难（半数学生不及格）；
- 会被老师点名提问；
- 教室的空调坏了（或者太猛）；
- 听不懂老师在讲什么；
- 成绩好的学生会被公开姓名；
- 早晨第一堂课。

不愧是讨厌度排名，每一种都让人头大，我真佩服自己能想出这么多选项。

事实上，我的确在研讨会上询问过学生。因为提问的方式和时间会根据场合有所调整，因此不能保证学术上的严谨性（简而言之，以下数据不能用来写论文，略感遗憾。不过研究人员大多都会在平时积累类似的数据和实验结果作为研究的基础）。

作为回答对象的大学生最多可以选择其中的三项，我对结果进行了简单统计，数据如图1-1所示。

如何？与各位读者猜想得一致吗？

整体而言大体分为高票三项与低票五项。首先让人感到意外的是，"会被老师点名提问"成为榜首，笔者此前还预判"太难（半数学生不及格）"会遥遥领先呢。然而，真实数据是上述两者与"成绩好的学生会被公开姓名"形成三足鼎立之势。

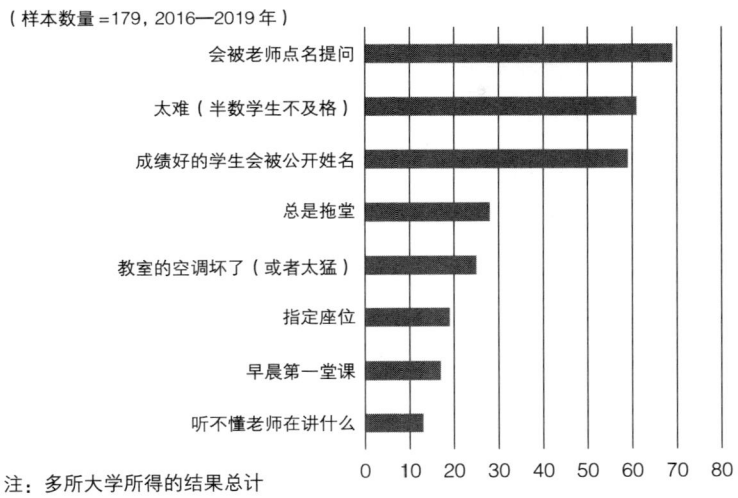

图 1-1 大学生最讨厌的课程排名

学生们对此的解释是：

"课程难可以凭自己的努力克服，可老师的点名让人无能为力。吃过一次亏，下次就不想再上那个老师的课了。"

将以上排名结合之前提到的对于"关注"的新解释，我们会发现如今的大学生有多么在乎"成为出头鸟"这件事。

顺带一提，排名吊车尾的是"听不懂老师在讲什么"。身为老师，这其实是我们最在乎的事情（也会花最多的时间来准备），但是在学生眼中根本不值一提啊……

第一堂课该上就上

冒昧推测，各位读者想必都很讨厌第一堂课（现在日本的大学生都称之为第一堂,而不是第一课时,北海道和日本西部地区则称为第一讲)。记得我的一位朋友曾说过:"对我来说,一天的上午还算深夜。"

当然,正在阅读本书的职场人士,您的学生时代或许是相当积极向上的,早起上第一堂课自不在话下,不然也不会拿起这本书(或者是这一类的书籍)吧?您想必早已习惯去积极吸收外部知识,并将之内化,从而运用在实践中,在工作岗位上也表现得生龙活虎的吧。

好了,读者的马屁就拍到这里,我们言归正传。

我想说的是,根据图1-1的结果,可以看出最近的大学生并不是都讨厌第一堂课。我自己的课有很长一段时间都被安排在早上的第一堂,出勤率也的确没有明显下降(尤其是最近)。我向学生问及其中的原因,有时甚至会得到这样的模范回答:"一日之计在于晨嘛。"

每当我向职场人士提起这件事,他们都会对当代学生的学习意愿肃然起敬。

不用说,学生的学习意愿其实并没有想象的那么强。

一大早到校上课,并不意味着他们求知若渴、积极向上,也不是因为他们害怕学费打水漂,更不是忌惮笔者那句"敢缺席一次就不给学分"。

他们来上第一堂课的原因,纯粹是"因为是第一堂课"。

如果您对此感到不可思议,说明您的好孩子综合征得分偏低,那么,请通过阅读本书争取高分吧。

因为上述原因是千真万确的。

若要说得再详细一点,就是他们莫名恐惧自己不去上课这件事。

如果不出勤,不仅是老师,恐怕连同学都会盯上自己。也许这件事还会被传得沸沸扬扬,会有人在背后议论自己。想到这些,他们就觉得心里不踏实,宁可早起也要泯然众人。

他们会老老实实抄写黑板上的板书(现在是电子课件了),对老师指出的重点内容画线,假如被指定座位就乖乖坐在那里。

不过就算有不懂的地方,他们也不会提问;哪怕老师说错了,也不会予以纠正。

以上就是现今的大学生平时在课堂上的反应,简而言之:毫无生气、反应迟钝。对这种现象陌生又干劲十足的新人老师,很可能会被石沉大海般的课堂反应气得晕头转向。

允许匿名就有反应

那么,老师该如何营造活跃的课堂氛围呢?

一听到提问,学生就争先恐后抢答的火爆课堂,在如今的日本只是痴人说梦吗?

其实有个很简单的招数能让课堂气氛瞬间变得火热,那就是匿名答题。它的威力可远超诸位的想象。

秘诀大体如下:

如今有很多应用软件能够以匿名的方式轻松提问或留言回答,教师可以利用这一点在课堂上让同学们用手机来答题。学生可以随意注册用户名,以确保自己的身份不被公开。只要将手机画面投影到教室的大屏幕上，也能让学生看到其他同学都提了哪些问题。

如此一来，教师便能收获大量的提问和回复，有时留言内容甚至让人目不暇接。

重申一遍，让学生口头提问只能换来宇宙空间一般的寂静。哪怕是人人关注的问题，比如"求职中最担心的事"，也不例外。

有些读者可能会认为，问题的关键不在于匿名，而是手机，毕竟那是学生们爱不释手的设备。

可惜事实并非如此，真正重要的只是匿名性，也就是说，不用当出头鸟。

夸赞带来的压力

笔者自认为是擅长夸奖学生的，周围人也给出了同样的评价。身为动机科学的研究者，我也很了解正确夸人的方式，在赞美学生的时候会凭此耍些小手段，力图有的放矢（请千万别告诉我的学生他们有这样一位狡猾的老师）。

可大约在十年前，因为一些琐事，下课后有学生冲我发火，那位学生的原话就是本章的题目："老师，请别当众夸奖我。"

除此以外，有些学生在被我当众夸赞后，在课堂上就突然变得沉默寡言了。这究竟是怎样一种心理呢？

经过反复研究，我发现学生宁可我闭嘴也不想被当众夸赞主要和两种心理状态有关。

首先，他们对自己的实际表现和对自己的自信之间的认知是有差距的。

如今的大学生普遍不敢自我肯定，认为自己在能力上是有所欠缺的。有这种心态的话，如果被当众赞扬，就会因自身的无能而感到沉重的压力。也就是说，被夸赞本身成了对自己的压力。

请留意，"夸赞＝压力"是好孩子综合征的一大特征。

其次，他们极度恐惧自己在他人心目中的形象因为被夸赞而产生变化，或是引起别人的注意。

听到表扬自然是开心的，但这份快乐和对当出头鸟的恐惧相比，根本不值一提。

在这种情况下，还要持续不断地受到夸奖对他们来说意味着什么呢？我问过几个同学，回答都是"只想离开"。

听到这番结论，或许会有不少读者想去尝试夸赞年轻人，毕竟本书的读者大概是爱好恶作剧的吧（我这么说实在太失礼了），越是劝阻，越跃跃欲试。我能理解各位的心情，但请千万别以身犯险（过来人的劝告）。

另外，他们也一样希望得到认可，所以基本上不会抗拒在私下场合受到表扬（你倒是早说啊）。

第二章

无论成功与否，
请对我们一视同仁

梦寐以求的极端
平均主义

恐怖的研讨会选择（起点）

开场又要说声抱歉，本章要请您继续体验大学生的心情。

假设现在是大学二年级的十二月，您每周要上四天课（费尽心思排课才空出一天），打四天零工（包括周六日），参加三天社团活动——大学生活可不如大家想象的（或者回忆中）那样五彩斑斓，甚至有些乏味。

眼看要辞旧迎新，可惜大学的寒假普遍捉襟见肘，和中学不同，日本的大学并不会在此时迎来新学期，所以学生们回家待一周就得立刻返校。

经过观察，笔者认为文科生会在大二到大三的节骨眼上体验重大变化，不妨说，他们从大三开始才真正进入大学生活，此前不过是高中生涯的延续罢了。

包括语言学习在内，大一、大二的课程体系中有相当多的必修科目。大三以后的课程内容会迎来急转弯，变成以专业课为中心。学生们之前都是按照学号自动分班的，到了大三则必须完全按照自己的意愿来选课，所以教室中的人员面孔也会有很大的变化。

而且大三学生要被分派到研讨会，理科生可能对此没什么概念，把它想象成分配到各研究室就好了。通常情况下，公立大学的研讨会包括一名负责老师和每个年级大约七名学生，私立大学则是一名老师加十四到二十名学生，学生们将在研讨会上就特定课题轮流发表调查研究结果。大三的必修课会有所减少，对很多学生来说，研讨会成了他们在大学里的新归宿。尽管分配的时期依大学和学院而有差别，不过大致都在大二学年的末尾。

说了一大堆开场白，现在要请各位模拟体验研讨会的分配过程。

近来几乎每所大学都有各自的教学用门户网站，研讨会的分配也多半通过它来进行。除此之外，门户网站还提供选课和查询成绩的服务，为学生大开方便之门，尤其在到校困难的新冠疫情期间。

假设您所在的大学有二十组研讨会，您可以从中选择第一到第三志愿。原则上，您要做的就是在门户网站选好自己想参加的研讨会，点击鼠标申请即可。

但事情没这么简单，笔者甚至认为选择研讨会是大学生活中的重大事件。研讨会的受欢迎程度并非均一，您想参加的那组或许也是别人眼中的香饽饽，有些研讨会甚至可能会让学生们挤破头呢。

对学生的选拔也不是按照先来后到的顺序或者抽签来

决定的，多数大学都要由研讨会的负责老师和其他老师组成委员会，通过对学生的积极性和兴趣的综合考量来进行。

学生在对上述规则心知肚明的情况下，会如何填写自己的志愿呢？

您又会如何选择？

研讨会开课的频率和时间自不必说，朋友的意向也是要考虑的，如果是大三和大四学生共同参加的研讨会，学长学姐们的态度也不容忽视。

要是自己没上过研讨会负责老师的课程，就还得对老师有所了解。否则进了研讨会才发现这里是一个刁难人的组织，也是挺难办的。反过来说，若是过于松散以至于有种被抛弃的感觉，也会让人不安。

不对，男女比例是不是更重要？毕竟谁都不想加入一个周围都是异性的组织，那样简直让人如坐针毡。

学生们都希望有机会和研讨会的同伴同吃同住同旅行，所以会积极开展活动的研讨会就挺不错；不过也要看同伴都是些什么人，若是和难相处的人住在一个屋檐下简直活受罪。

各位并非大学生，思维发散可以到此为止了，下面我们将根据如今大学生的行为准则来缩小选择范围。

现实中，学生在填写志愿时的思路大致有如下四种，请看哪一种比较接近您的想法：

① 遵从本心，不管别人怎么想，按照最想加入的顺序填写志愿；

② 将最想加入的研讨会列为第一志愿，第二和第三志愿则填写不太受欢迎的研讨会（可能有名额空缺）；

③ 准备几个候选，排除竞争可能最激烈的前两名；

④ 排除所有存在竞争可能的候选项，从剩下的研讨会中选择最中规中矩的那几个。

接下来，我将对这四种选项的心理进行解释。

① 遵从本心派，大致可分为两类：第一类是对自身或自己的成绩胸有成竹，向来怀揣自信而进行了选择；第二类是不爱深思熟虑，尽管会考虑自己的兴趣，又怕想多了头疼，最终还是顺其自然地做了选择。

② 积极保险派，不如①那么自信满满，却也不想早早放弃自己心仪的目标，可以算是寻求平衡的一类。对他们来说，能加入第一志愿自然最好，但是失望落选的结局也在其考虑范围内。于是他们会要求自己看淡结果，留下保底的候选。

③ 消极保险派，乍看和②相差不多，不过他们自信心更弱，而且更在意周遭的状况。可以说，在他们的性格中，权力关系一直在起作用，他们将规避风险看得比自身的兴趣更重要。

④ 规避竞争派，也大体分为两类：第一类是对自己毫无信心，假如大学要求申请者参加由负责老师主持的面试，他们更是万万不会选择竞争激烈的研讨会，因为他们不相信自己入得了老师的法眼；第二类则是对学习和大学生活兴趣寥寥，只会奔着那些能轻易拿到学分的课程和要求不

严格的研讨会而去。

恐怖的研讨会选择（终点）

这场思考实验是笔者融合了多所大学的选课制度而创造的，但很遗憾，没有完整的实际测试数据。因此，尽管这是根据笔者的经验和研究成果做出的估计，但可以将如今大学生的选择结果整理成以下大致比例：

①∶②∶③∶④=5∶20∶40∶35（均为百分数占比）

显而易见，③和④在其中占据大多数。笔者周围学生的学习意愿普遍比较强，因此如果在更大范围中进行调查的话，也许④的比例还会更高一些。

看重自身第一志愿的①和②加起来，只占全体的四分之一。

补充一下，其实从开始申请到结束之前，每组研讨会的申请人数都能在学校的教学用门户网站上看到（申请的学生姓名不予公开）。与此同时，申请期内学生可以随意更改自己的申请对象。根据笔者的了解，大多数学校都采用这种规则。

结果如何呢？

预计来说，学生们应该会分成立刻申请和压线申请这两派。

但实际上，大多数学生都会选择尽快申请（然后保持观望），就连②和③那两类关注身边他人反应的学生也会先选第一志愿来牵制别人。

到头来，各研讨会的申请人数会自然形成一种平衡，并不会出现特定研讨会的申请人数是其他研究会的五倍这样的异常情况，就算再受欢迎，也就是其他的两倍。有时候，原本预估人气第三的研讨会反倒能收获最多的申请。就好比日本的大学入学考试中，报考人数最多的并不是东京大学。

据此可见，日本的当代学生从十几岁的青少年时期开始就在不断进行自主调整。调整得过了头，"还行"的选项反而变得最受欢迎了。

这些大学生之所以在行动时如此在意他人，是因为他们普遍存在不愿当出头鸟的心态。本章将探讨日本当代大学生是多么抗拒与他人产生差异，以及其背后强烈的平等意识。

日本人眼中最公正的分配方式

以下是笔者很喜欢提的一个问题：
下列四个选项中，您认为哪种才是最公正的分配方式？

① 平均分配；
② 按需分配；
③ 按成果分配；
④ 按努力程度分配。

对选项再做一些补充说明吧。

顾名思义，①平均分配指的是无视年龄、性别和个人能力等一切个体差异的一视同仁分配法，是一种最简单明了的方式。

但是这种方式必然会导致有些人的需要没有得到满足，另一些人却觉得自己得到太多。比如分苹果的时候，将苹果分给讨厌它的人就属于浪费行为。在这类场景中，没人会认为平均分配是总体上最合适的方式。

这时，②按需分配便走上舞台了。这种分配理念是按照个人的需求情况来调整分配量，使更多人的需要得到满足。现实中有些公司也会根据员工需要养育的家人数量，适当分发"养育补贴"，应该很少有人认为这种方式不算一种公正分配的方式吧。

接下来是③按成果分配，从这里开始，分配方式变得更为务实，但也更容易引起争议。③是一种典型的以结果论英雄的分配方式，也代表了一种理念：做出成绩的人必然付出大量劳力和费用，所以也应得到更多。

②按需分配看起来是相当公平的，但这种方式的前提是被分配的对象必须都完成了同质同量的工作。比方说有人并不需要养育家人，对组织的贡献大于另一位拖家带口的同事，而所得到的报酬还不如后者，那这个人的工作积极性还能保持吗？

按这样的分配方式，②和③在特定情况下就会彼此矛盾。有些人认为，需求量大或生活贫困的人就该得到更多福利，这样才够人道；另一些人则表示，与需求无关的成果和贡献度最应该得到认可，只有这样才能帮助个人和组织成长。两者都有道理。

④按努力程度分配有可能在这两者的取舍中取得平衡。顾名思义，它是根据个人的努力程度给予分配的一种方式，常常被拿来和③按成果分配进行比较。因为成果往往受天赋和成长环境的影响，③会让那些在天资和环境上有所欠缺的人始终只能拿到低报酬。然而，一个人的努力程度和才能、环境无关，是完全可以按照自身意志去掌控的指标，所以有人认为，以此为标准才是公平公正的。

好了，看完这么长的介绍，不知各位读者会支持哪种分配方式呢？您又认为哪种方式会得到最多人的支持呢？

事实上还真有人做过这种问卷调查。有趣的是，调查对象还按照性别进行了区分，资料出自关于当代日本社会阶层的全国调查研究：社会阶层与社会流动（SSM）调查研究会编《1995年SSM调查系列》（1998），以及佐藤俊树《不平等的日本——告别"全民中产"社会》（中公新书，2000）。

结果如下：

① 平均分配：男性5.20%，女性7.50%；
② 按需分配：男性9.80%，女性9.10%；
③ 按成果分配：男性30.40%，女性16.60%；
④ 按努力程度分配：男性51.20%，女性62.20%。

您的感想如何？从结果来看，④按努力程度分配获得了半数以上的支持，尤其在女性当中。而男性选择以结果论英雄的③按成果分配也不在少数。

当代大学生眼中最公正的分配方式

上述话题与数据足够引人深思，然而我们的讨论还将继续，甚至可以说，接下来才要进入正题。

其实笔者也以大学生（多所大学的大二至大四生及研一生，共计211人）为对象，自2018年12月至2020年11月多次收集了相关数据。

结果如下：

① 平均分配：男性49.00%，女性53.20%；
② 按需分配：男性5.90%，女性5.50%；
③ 按成果分配：男性19.60%，女性16.50%；
④ 按努力程度分配：男性25.50%，女性24.80%。

说实话，我看到这个结果是很震惊的（尽管已有心理准备）。就连研究年轻人做事动机的笔者都感到惊讶，可以说这个结果非比寻常，其中有着太多引人心生困惑之处，甚至让人一时不知从何下手。

该结果很明显和前面提到的日本人整体的结果大相径庭。其中最引人注目的是①平均分配的比例之高。简而言之，当代大学生中有一半人认为，简单直白的平均分配是最公正的。现在越来越多的年轻人对改变分配量这件事很敏感，无论分配量的变化是出于什么原因。

而其余三个选项的拥护者就相应减少。

有两点尤其值得注意。先强调一下,之前的那个结果针对的是所有年龄层人士,调查时间是20世纪90年代,这两方面都和笔者针对大学生进行的调查有所不同。在全年龄层调查中得票较少的②按需分配在年轻人中更加不受待见。这是第一个值得注意的地方。

之前说过,按需分配无视成果和努力,只会将资源尽量分配给当下最需要的人。从某种意义上说,这种照顾困难人士的分配方式是最有人情味的。但是如今的多数大学生对这种方案投了否定票。

第二个值得注意的点是,④按努力程度分配得票大幅减少。在全年龄层调查中,努力比成果更重要的结果明显给人一种日式思考的印象。然而在大学生中,选此方式的比例减半。

海外年轻人是否也排斥按努力程度分配呢?比如美国人会不会更务实而大多支持按成果分配呢?

于是笔者拜托以前留学时在美国认识的大学朋友,向那边的学生提出同样的问题。他在管理学的在线课程中提了这个问题,由学生当场回答。

受访人为69名大学生,年级囊括了从大一到大三(不过美国大学生的年龄层并不如日本那般整齐划一),结果如下:

① 平均分配:1.40%;

② 按需分配：29.00%；
③ 按成果分配：56.50%；
④ 按努力程度分配：13.00%。

遗憾的是，因为受访人数较少，结果难以按性别加以区分，不过该结果和日本人的差异可见一斑，其中有不少都令人玩味。

首先是①平均分配严重失宠，在本次调查中仅得一票。相信投出那一票的人在美国社会中也算是个异类。（搞不好是日本人？）

③按成果分配得票最多，确实有美国人的风范。同样，④按努力程度分配不受欢迎也很符合美国人在一般外国人心中的印象，令人不禁失笑。

最让笔者诧异的是②按需分配的得票，尽管从比例上看并不显得突出，但是请您将这结果和日本学生的回答再进行一番比较，有没有觉得大吃一惊？美国人明显更具有照顾困难人士的精神。关于这一点，我们将在涉及"搭便车[①]理论"的第九章中再详细比较讨论，敬请期待。

看到这样的结果，难免让人担心会有更多优秀人才因为对日本失望而出走美国。毕竟无论怎样努力、取得了怎样的成绩，最后都只能得到平均分配的资源，让人上哪儿去找积极性？笔者虽非优秀人才，也时常有离开日本的冲动。

---

① 指在不付出成本的情况下从公共服务中受益。

年轻人为何排斥竞争？

　　本章主题背后的理念是极端的平等主义，而完全一律平等的平均分配则是此种思想典型的具体表现。

　　这里再提供一个与此相关的话题——竞争。

　　先说结论：如今的年轻人非常讨厌竞争。

　　这种心理的根源并不只是"不再为赛跑排名次"的日本宽松教育体制，事情没那么简单。

　　以前笔者曾就"上下级积极性差异"这个课题，在企业中对从事研究开发的人士进行研究。在上司眼中能够提振士气的言行，往往会让部下感到无趣甚至丧失干劲，这就是所谓的"上下级积极性差异"，笔者的任务便是分析其中的缘由。

　　详细结果笔者已经以论文的形式发表，也刊登在了拙作《动机的科学》上，敬请阅览。

　　研究中提到，"总裁奖"之类的公司内部激励制度也引发了典型的积极性差异。包括一把手在内的管理层，往往认为设立"某某奖"就能引发竞争意识，从而促进员工的积极性。

　　但是在很多员工看来，这样的奖励不仅不让人眼馋，反而给人一种被牵着鼻子走的感觉，很是扫兴。

　　不过随着研究的推进，有件事更加引起了笔者的兴趣——就连得奖员工本人的工作积极性都没有得到长期提升，甚至反而很可能会下降（请再回顾一下本书的书名）。

　　背后的原因在于，年轻人在崇尚泯然众人的氛围中，会对自己受到的特殊待遇产生排斥反应。在他们眼中，平均分配才是最公正的分配方式，强行制造的差距会让他们感到无所适从、恐惧别人的眼光，可以说是有百害而无一利。所以只要存在竞争，他们就会退缩。即使被迫参与竞争，他们也绝不会使出全力，而是选择观察身边人，尽量收获平均分。

以上倾向，哪怕在区区的聚餐中也频繁出现。

大部分大学生都很抗拒大碗菜，因为不容易均分。

最好别去超市买什么整个的超大提拉米苏蛋糕，万一要分给十一个人，那可就糟透了。没人会主动承担分蛋糕的责任，那个不情不愿担起责任的人也不得不绞尽脑汁，琢磨怎么才能将蛋糕刚好分成不多不少的十一块。

为了照顾健忘的读者，我再说一遍其中的理由——有好孩子综合征的年轻人受不了和别人之间存在差距，尤其让他们抓狂的是自己占便宜。

费尽心机将圆形的蛋糕分成十一份的心态，与其说是可怜少分到的人（当事人其实完全不在意），不如说是害怕多分到的人感到尴尬。

所以遇到这种情况，笔者就会说：

"你们要尊敬师长，给老师两份吧。"

这样一来，只需要将蛋糕分成十二份，然后给老师两份就行了。能想出这种点子，老师我真是绝顶聪明！（顺带一提，提拉米苏是蛋糕中真正的王者！）

另外还有三点值得注意的地方。

其一，从第 23 页的数据可知，按成果分配和按努力程度分配也分别占据了约 15%、25% 的份额。如果是和真实成果挂钩，支持按成果分配的年轻人应该会认为"总裁奖"是公正的分配方式。至于按努力程度分配的支持者，也会对"勤劳奖"表示肯定吧。

其二，支持平均分配的人手机里大概率安装了抽签应用，理由不言自明。

其三，好孩子综合征年轻人的这种态度，和热血动漫作品中主人公勇往直前实现理想的姿态形成了鲜明的对比。

我们可以认为，成千上万的年轻人会喜爱热血动漫，正是因为他们自己在现实世界中无法活出自我。同时，最近的作品中，反派角色也越来越少，从前的影视剧中一心折磨主人公的大恶人比比皆是，然而当今的年轻人对此很是排斥。

受人恩惠不再回报

在本章的最后，我想再提及一种现象。

在大学工作，让我有机会频繁参加各类自助餐形式的交流活动，主要包括学术探讨和企业交流。参与者中也有不少学生，有时他们也会给活动运营打下手。

餐点被一扫而空的场面比较少见，更多的情况是职场人士推杯换盏、谈笑风生，留下不少没动过的菜肴。等主持人宣布活动顺利闭幕，有人会提议所有帮忙运营的学生一起来享用剩下的美味。

每当此时，学生们都会欢欣鼓舞、感觉捡了便宜吗？

痴人说梦。

提议的人（大多数是上了年纪的职场人士）以为学生会像饿狼扑食一般冲向餐桌。然而，他们的想象为何会落空呢？

首先，学生们不饿，当今时代，年轻人怎么可能一直饥肠辘辘？

其次，年轻人羞于主动满足自己的欲望，假如羞耻换来的不过是一顿白食未免也太亏了。

最后一条理由是，年轻人认为别人对自己施恩总是有所图的，比如吃饱以后被要求留下来收拾残局。

只要有上述任何一种原因作祟，食物被浪费就是难免的。在我们这批出生于昭和时代（1926—1989）的日本人看来，简直是暴殄天物（听说现在的年轻人也有相同的感觉，这让我松了口气）。所以得有人出面改变策略（多半是年轻一些的职场人士），以有事相求的姿态让学生们消灭存货。

然后还不忘加上一句："浪费了食物下次就拿不到这么多预算了，还请各位帮帮忙。"

这样一来，几乎所有的学生都不会无动于衷。

各位能分清上述请求和前面的施恩之间的差别吗？

答案是主动和被动。对年轻人来说，这一点是至关重要的。主动满足自己的欲望是一件可耻的事，还会欠下人情，让他们很不舒服。

如今的大学生即使受人恩惠，也不再试图回报。别说涌泉相报了，就连滴水都不愿付出，甚至不给别人机会来施恩。如果要施恩给他们，施恩方必须是有求于人，这样他们才不会觉得羞耻和欠人情,还会有一种贡献社会的感觉。毕竟,他们只是回应了别人的求助。

好孩子综合征的年轻人在受人帮助的技术上简直登峰造极,之后我们还会对此进行阐述。

第二章

提议被采纳是件可怕事

无法自己做决定的年轻人

一个女大学生的故事

以下展示一封化名为静香的读者的来信：

我是东京某大学的大二生。

我有三个朋友，我们四人平时很要好，在学校的时候几乎总是黏在一起。不过最近我注意到一件事，觉得有点伤脑筋。

除非大家都在，否则只要人员组合有变化，气氛也会跟着截然不同。具体来说，只要四人中有个人（那个同学就化名圣子吧）不在，我们的行动就完全不一样。

圣子在的时候我们都很快活，整天嘻嘻哈哈，放学后常常边逛边回家。

相反，如果她不在，我们的气氛就会有点沉闷，放学后大伙儿就直接各回各家。

另外两个朋友好像也注意到了这一点，最近都会把打工时间安排在圣子没课那天的放学后。这样就有理由一放学早早离开，彼此也不那么尴尬。

我想改变这种状况，请问该怎么做呢？

上大三以后专业课越来越多，我们在同一间教室碰头的机会也会变少，而且课程表越来越空，让我有种不安的感觉。

各位读者会为静香提供怎样的建议呢？

为了辅助大家思考，我特意准备了几种选项。以下哪一项比较接近您的看法呢？

① 得想想办法，圣子不在的时候，你鼓起勇气提议大家一起玩怎么样？

② 没必要太在意，现在不也挺好嘛。

③ 能理解这种心情，我也有类似的困扰。

①最为简单干脆，③显得犹豫不决。按照笔者的猜测，选择三者的人数比例大约是 2∶4∶4。

如果您的想法接近①，那么您可能自始至终对本书的主张难以有切实的体会，也可能难以理解有好孩子综合征的年轻人。那么您可以立刻合上本书，将其转赠他人。

假如③让您感觉到亲切，那么您有可能已经罹患好孩子综合征。尤其那些相当赞同静香的做法和心情的人士，可以肯定是她的"病友"无疑了。对我们接下来提到的各种症状，想必您也能心领神会。不过不用太担心，请保持轻松的心情阅读下去。

本章的主题是年轻人的"决策"与"提议"，一旦涉及人际交往，有好孩子综合征的年轻人就真的无法决定任何事，所以也做不出任何的提议。在读者来信的例子中，除了圣子以外的三名同学都属于"完全无法做决定的年轻人"。

某棒球队的故事

本章还要向大家介绍另一个案例，是关于某初中棒球劲旅的。顺带一提，这是我最近听说的真实事件（对不起，静香和圣子都是笔者虚构的）。

二月的某一天，大伙儿正如火如荼地进行体能训练，教练宣布队内的王牌投手为了专心治疗旧伤，决定退出春夏季的大赛。因此，队内要选出新的投手。

结果在长达一周的申请期内，只有一人毛遂自荐。

那个男生曾经在少年棒球联盟打过投手的位置，这一点周围人都知道。

为什么会发生这种事呢？

对打棒球的男孩子来说，王牌或四棒的头衔是实打实的英雄形象，没有人不憧憬。而且他们还是初中生，该踊跃报名才对啊。只要打过棒球就知道，队内的位置一旦定下来，很少会出现大幅度的变更。对他们来说，这也许是最后的机会。尽管如此，依然只有一个人报名，原因何在？

这个例子发生的背景，依然是年轻人缺失抉择与提议的能力。

队员们都在观望队友的行为，然后选择随大溜。他们的心理大致是这样的：

"自己主动报名？太难为情了。"

"反正也会选上他，大伙儿大概都这么想吧。"

"教练心里究竟想选谁？直接告诉我们就好了嘛。"

如果正在读本书的您是类似于林修[1]和松冈修造[2]那样的人，想必会说："你真的热爱棒球吗？错过这个机会就不会有下一次！问问你的内心吧！"

提前劝您一句，可千万别对孩子们这么说，大概率会事与愿违。

害怕做决定

再说一遍，有好孩子综合征的年轻人很难自己做决定。如果所做的决定涉及别人，这件事对他们来说就只会带来恐惧。至于提议，就更不在他们的考虑范围内了。

在静香的例子中，这种心理表现得一目了然。圣子以外的三人并不讨厌彼此，甚至是相互珍惜的。但其中没有一个人可以做决定或者提议做点什么，唯一有这种能力的

---

[1] 日本网红补习班讲师兼电视节目主持人。
[2] 日本前网球运动员，首位夺得ATP巡回赛男单冠军的日本网球运动员，1998年退役后活跃于日本体育播报界与演艺界，并担任日本奥林匹克协会理事。

圣子一旦缺席，朋友之间的气氛就会变得尴尬。在极端情况下，甚至没人敢问一声接下来该怎么办，因为提问本身也会加剧紧张的情绪。

对这种状况的疑问大约有以下两种：

- 他们为什么害怕做决定和提议？这份恐惧的根源在哪里？
- 年轻人总有一天要自己来抉择方向，到时候他们该怎么办？

以下我们便来面对这两个疑问。

对好孩子综合征患者来说，决定一件事的方式不外乎如下三类。根据笔者的观察，他们一定会在三者间选择一种或者进行组合搭配。无论是静香还是棒球队的例子，都不例外。

- 让别人帮做决定；
- 遵循先例；
- 大家一起决定。

我们一条条往下看。

有父母帮忙做决定就能努力

笔者在进行动机理论研究的时候，会频繁参考爱德华·L. 德西[1]等人得出的"自我决定论"。

人做事的积极性究竟是由内产生还是从外部获得的呢？这便是德西等人研究的方向。他们将积极性的源头整理成两套心理报酬体系，分别是外部报酬——外发性动机和内部报酬——内发性动机。虽然多少有些学究气，不过其中的意思也是显而易见的。

他们更得出一个结论：激发内发性动机的三大要素是自律、自信和人际关系，而自律是重中之重。

德西的理论在这里就不展开讨论了，我们越了解就越能发现其中的合理性。但是笔者也有一点存疑的地方，那就是德西等人认为，每个人都希望自己是自律的。

我们在日常生活中往往会产生这样的感觉——人类其实不太愿意自己做决定，尤其是当这个决定会影响他人的时候。日本人现在连晚餐吃什么、周末去哪儿玩这类极度简单的问题，都很不情愿以个人的立场正面回答。据笔者所知，当今的年轻人在这方面更是青出于蓝。

以下再介绍一组数据作为证据。

我们引用的资料是对回避自我决定的理论尤其感兴趣的希娜·艾扬格[2]所著的《选择：为什么我选的不是我要的？》（*The Art of Choosing*）。

---

[1] 爱德华·L. 德西（Edward L. Deci）：美国著名的心理学家，长期担任美国罗切斯特大学心理学与社会科学教授。他以人类内在动机与外在动机，以及基本需求的理论而闻名。他与理查德·M. 瑞安（Richard M. Ryan）共同创建了自我决定论（Self-determination theory），是迄今最有影响力的人类动机理论之一。

[2] 希娜·艾扬格（Sheena Iyengar）：印度裔美国人，美国著名的心理学家和管理学家，在美国宾夕法尼亚大学获得经济学和心理学双学士学位，在斯坦福大学获得心理学博士学位，现任哥伦比亚商学院教授。

艾扬格等人对旧金山的七到九岁的亚裔和欧裔小学生进行了一组实验，因为实验过程十分复杂，在此将之进行简明扼要的介绍，请耐心阅读。

首先，实验要求孩子们将随机排列的字母拼成单词。研究人员将孩子们分成三个小组：第一组可以自己选择想做的题目，第二组的题目由研究人员选取，第三组的题目由各自的母亲决定。

但实际上，第二和第三组的题目就是第一组选出的题目，也就是说三组孩子都做了同样的题，区别只在于题目选择者在孩子们眼中的身份。

实验结果显示，每一组孩子的答题正确率都很高。然而真正的实验还在后面。艾扬格等人在答题环节结束后，让孩子们继续留在刚才答题的环境中，接着宣布可以休息，然后偷偷在外面观察孩子们会花多少时间继续解题。

实验方式有些绕，但这样做的好处是能将孩子们对解题的纯粹内发性动机，转化为"如何使用自由时间"这一代理变量，以实现数据的可视化。重申一遍，三组的区别仅在于孩子们眼中题目选择者的身份。

结果如图 3-1 所示。

欧裔儿童中，自行选择题目的孩子在休息时花最多的时间继续解题。另外两组（分别被宣称由研究人员或孩子的母亲选题）花的时间则大同小异。

另一边的亚裔儿童中，母亲选题组的孩子会花最多时间去解题。排名第二的是自选题组，最后则是研究人员选题组。

(分)
400 ─

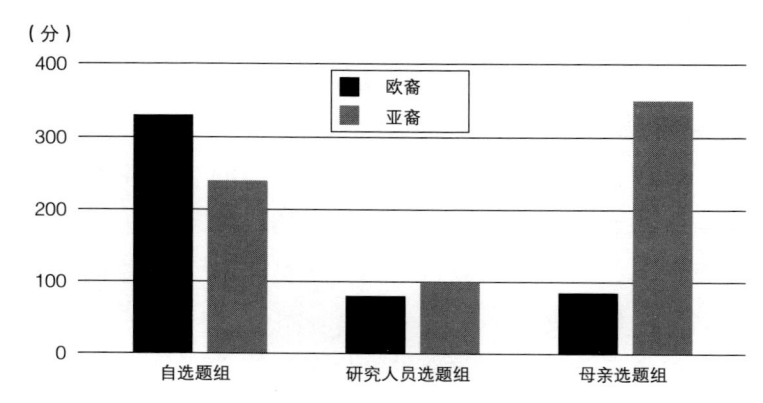

　　■ 欧裔
　　■ 亚裔

300 ─

200 ─

100 ─

0 ─
　　自选题组　　研究人员选题组　　母亲选题组

出处：艾扬格和莱珀（Iyengar and Lepper），1999 年

图 3-1　对题目选择者的认知与内发性动机强度的关系

敬告德西老师，您关于自律是内发性动机关键的理论遇到了强劲的挑战。

为什么在包括日本人在内的亚裔人士中，"母亲的选择"能引发如此强大的积极性？包括笔者在内的科研人员，都不能给出符合科学逻辑的解释。

艾扬格主张，当自己的决定给自己和他人造成不利结果时，人们会产生后悔甚至规避选择的心理。既然选择有可能造成损失，人们便会失去选择的欲望，产生将选择权交给别人的依赖心理。也许在亚洲文化圈里，类似情感的倾向更强烈。

这种心理并不仅仅影响孩子，在成年后依然会对人起作用。对大学生来说，选择就业方向便是典型的例子——有太多学生不愿意自己决定。

就业毕竟是人生的重大抉择，有这样的顾虑还能理解，不过本书探讨的对象——有好孩子综合征的年轻人，是连日常生活中的各类选择都难以抉择，他们甚至不敢开口说："今天出去吃午饭吧。"哪怕是面对朋友，除非那是惯例（既然是惯例，便不能算作自己的提议了）。

我曾经和中小学的老师们探讨过这个话题，大多数人都认为，原因在于孩子们缺乏自信。

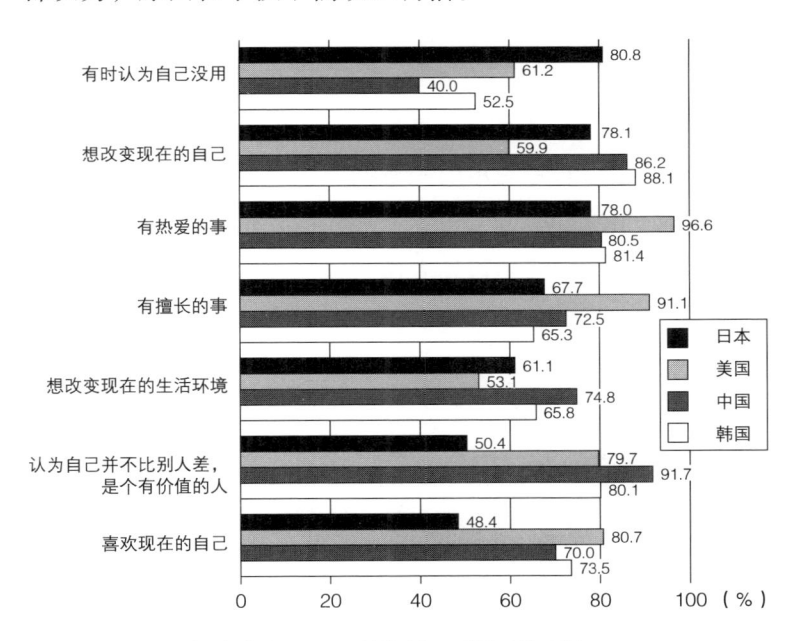

项目	日本	美国	中国	韩国
有时认为自己没用	80.8	61.2	40.0	52.5
想改变现在的自己	78.1	59.9	86.2	88.1
有热爱的事	78.0	96.6	80.5	81.4
有擅长的事	67.7	91.1	72.5	65.3
想改变现在的生活环境	61.1	53.1	74.8	65.8
认为自己并不比别人差，是个有价值的人	50.4	79.7	91.7	80.1
喜欢现在的自己	48.4	80.7	70.0	73.5

注：图示数据为回答"很符合"和"比较符合"两种答案的比例
出处：国立青少年教育振兴机构《关于高中生留学意愿的调查报告》（2019年）

图 3-2 关于高中生自我认可的调查结果

的确，单看数据，日本孩子明显是最缺少自信的（图3-2）。与其他几个国家的孩子相比，他们的特征是认为自己没用、没有价值、不喜欢现在的自己。这也难怪他们不

第三章 提议被采纳是件可怕事

敢做出决定了。

既缺少自信又胆小——请记住，这将是我们在第七章看到的主题。

以"遵循先例"进行自我防御的战略

接着我们来看看"遵循先例"的决定方式。

年轻人对此有不容撼动的"三大行动原则"：

① 尽全力参考明示的先例；
② 如果没有先例，基本上无法行动（不行动）；
③ 所以极度渴望得到先例。

有这样一个故事——

办公时，上司将工作要领教给新人后说："有什么不明白的随时来问我。"然后给了新人一份差事。当然，这份差事并不是简单了解要领就能处理得得心应手的（毕竟工作从来都不是轻松的）。

然而新人却一直没有向上司提问，这是为什么呢？

因为上司看起来很凶吗？

可能与此有关。

那我们就将设定改为：上司是一个跟福山雅治一样帅，又像大泉洋那样和蔼可亲又有趣的人。

这样总可以来提问了吧？

答案是否定的。

何解？

原因很简单，相信诸位读者也都猜到了——参考三大行动原则的①和②。

他们不知该怎么提问，因为没有可以参考的先例。

很遗憾，大多数上司都没注意到这个事实，只能眼睁睁地看着交给年轻人的差事离期限越来越近。于是，忍耐突破限度的上司便会扮演如下两种角色之一：

"怎么不早点来问？可别浪费宝贵的时间啊。"（福山雅治口吻）

"不会做，很正常，有什么不懂就问。"（大泉洋口吻）

尽管上司施展出主演水平的演技，可惜好孩子综合征患者的反应只有以下两种可能：

一是从此以后事无巨细都要提问（因为这是上司的命令）。
二是照样什么都不问（因为没有先例，不知该怎么问）。

所以上司一气之下吐露真心："多动动自己的脑袋瓜！"
实在是太遗憾了，这样的责备也无济于事。
因为上司没有给他们如何**动自己脑袋瓜**的先例。

靠网红帮自己选择

看见上面的标题，您或许会觉得心领神会，毕竟如今的年轻人在消费时，相比主流媒体会更习惯参考社交媒体的意见。

不好意思，我要说的和这个稍微有点不同。当然，现在的年轻人的确会采用如上的消费方式，不过我想进一步探讨的是网红为什么能够引领风尚。

对了，如果有读者还不了解什么是网红（不会吧？），那么在这里就先简要介绍一下。所谓网红，指的主要是在社交媒体上发布信息并对社会产生重大影响的人物。语源源自英文"Influence[①]"。

很多人可能会联想到娱乐圈和体育明星，他们当然是占大多数的，不过如今"社交媒体上的名人"的数量也越来越多。即便是一介素人，只要能够站在消费者的角度，提供有趣的资讯，懂得博人眼球，也会收获大量粉丝，在视频网站（如油管、抖音）和社交媒体（如照片墙）上成为网红。

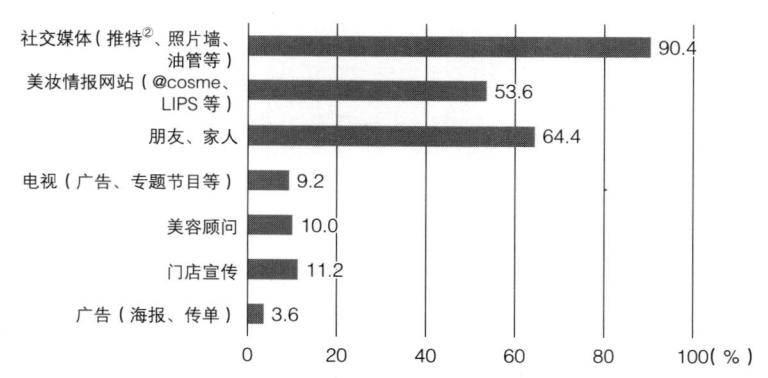

来源	百分比
社交媒体（推特[②]、照片墙、油管等）	90.4
美妆情报网站（@cosme、LIPS等）	53.6
朋友、家人	64.4
电视（广告、专题节目等）	9.2
美容顾问	10.0
门店宣传	11.2
广告（海报、传单）	3.6

出处：奥村音芽、山本心咲季《针对护肤商品的化妆品的价值之体系化》金泽大学人类社会学域经济学类毕业论文（2020年）

图 3-3　关于护肤商品的主要消息来源

[①] 日文写作インフルエンサー，直译为"意见领袖"，指在网络或社交媒体上具有较大影响力的个体，包括在专业领域或特定社群中具有影响力的人。但因文中更侧重的是普通人，因此本节中译为"网红"。
[②] 推特（Twitter）已于2023年7月正式更名为X，由于日语版原书出版于2022年，此处仍沿用推特一名。

举例来说，现在的大学生在购买化妆品时，所参考的消息来源首推社交媒体（图 3-3）。

利用搜索引擎（谷歌）搜索信息的方式曾风靡一时，然而现在的年轻人已经较少使用这一手段了。

如果想了解最近的爆款和流行趋势，就打开照片墙；如果想知道交通状况或学校开课情况等即时信息，就打开推特；只有想访问官方网站的时候，才会"谷歌一下"。

另外，或许有不少人以为年轻人主要通过聊天应用（连我 ①）交流，不过这种情况现在也有了变化。对他们来说，比起直接在聊天应用上对谈，利用照片墙的限时动态和留言功能的心理负担更小，现在聊天应用很多时候仅用于一对一的交流、通话等需要即时联络的情况。

连消费都不能自己决定

现在的年轻人为何如此依赖社交媒体？

只要将社交媒体等消费者发声类媒体，和与此相对的提供者发声类媒体加以比较，答案就显而易见了。

以大众媒体为中心的传统推广活动，基本上是建立在单向传递信息的基础上的。一般认为，这种形式不利于供求双方的沟通。

不过笔者认为，单向传递信息媒体的最大问题在于"消费者必须自行解释所获得的信息"。适不适合自己？喜不

---

① 连我（LINE），一款跨多平台的通信软件。

喜欢？说得对不对？对如今的年轻人来说，就连判断这些极为简单的问题都会感到负担和有抵触情绪。

所以，无论传递给年轻消费者的信息多么有价值，也很难促使他们购买产品。甚至于提供的信息越多，反而会让他们变得更加犹豫。

这倒也不限于年轻人，无论年龄多大，凭直觉来做出判断对任何人来说都是一件更轻松的事。

请想象一下，去餐馆就餐的时候，由店家推荐菜品和朋友的那句"这个可好吃了，我尝过"，哪个分量更重？

对于前者，您只会对信息加以参考，还要结合菜品的价格、店员个人的喜好等综合因素来做决定。

相较之下，后者的信息就更容易让人接受，假如您和朋友的喜好相近，就更没什么好犹豫的了。

从心理分析的角度看，店员在推荐菜品时，很可能让人觉得带着经营方的算计。这当然也是一种因素，可是我觉得，对现在的年轻人来说，要自己做决定的压力的影响占比更大。

而且他们都是社交媒体一代，早就习惯凭直觉进行选择。

社交媒体上发布的消费体验和网红提供的资讯，都不会被一股脑儿地抛向他们，他们跳过了消化、思考、以自己的意志选择的过程，只要照单全收、随手消费就好，毫无自己做决定的负担。由此可以看出，如今的年轻人对自己做决定有多么抵触。

是大伙儿一起选的

最后来说说"大家一起决定"。

在平常的大学生活中有些场合是需要做抉择的,比如在研讨会上发表课题的顺序,或是送老师什么样的生日礼物(这可不是我作为老师的炫耀)。

假设某个老师在生日那天收到了研讨会学生送的集体祝福语,因此开心地问一句:"谢谢!这是谁的提议?"(只是举例而已,绝不是在炫耀我受欢迎)

这时得到的回答一定是:"是大伙儿一起选的。"

对现在的大学生来说,营造一种"大家一起决定"的氛围是至关重要的,绝不允许失败。所以整个过程有着细致精确的战略部署,比如:

第一步:随口问要好的同学要不要给老师送生日礼物;

第二步:看大家都不反对,就对另一个同学说"这是我们三个人想到的";

第三步:按相同的流程取得所有(或绝大多数)研讨会同学的支持,然后逐个询问他们送什么好;

第四步:针对收集得来的点子,进行严格、客观、合理且合乎逻辑的讨论,最后决定送皮夹。

最巧妙的是第四步,在讨论中一定要尽量提供客观的意见。万一之后被人说"是某某的意思",那可就麻烦了,他们必须避免自己的提议被采纳。

让我尤其觉得夸张的是第三步,真的有必要让每一个人提出一个点子吗?一定要做到如此平等、平均吗?(详

情可参阅第二章）

另：金间研讨会第十二到十三期的同学们，谢谢你们送的皮夹，我还在用哟。

要是怪到自己头上可怎么办？

我们再来思考一下，当今的年轻人为什么对做决定有如此强烈的恐惧和压力？

对难以想象他们心理的人来说，这只是小题大做，毕竟谁决定送什么这种事，很快就会被人遗忘。其实有好孩子综合征的年轻人很清楚这个道理，可他们还是害怕受到责备，害怕被当成怪人。

笔者曾经也试过高高在上地"帮助学生从这种思维怪圈中得到解脱"，每次都要花整整一个小时让学生改变心态，就像这样：

"假如你在社团聊天群里提议送老师生日礼物，一定会很害怕，还需要勇气，消息发出之后就会战战兢兢地猜测有多少人看到，吓得恨不得把手机塞进衣橱。不过真要是塞了进去，拿出来的时候就更可怕了，所以你不会塞。

"你盼着早点有人回复，后悔自己没提前联络几个人，让他们在群里秒回附和一下。等'已阅人数'显示为5，你知道应该有人看过了，但还是没人回复，你觉得那一定是因为自己做错事或者说错话了。于是你忍无可忍，想早点解脱，恨不得撤回那条消息。

"那么，如果别人做了同样的事，哪怕他的提议有些不寻常，你真的会觉得他是个怪人吗？

"你应该不会这样想。你只是害怕别人心里擅自对你产生某种甚至你自己根本都不会有的想法。"

但是我这种幼稚的心态转变策略，大多只会得到如下回复：

"您说的我都明白，可是换成自己就还是会担心啊！"

这难道不算被害妄想症吗？总的来说，有好孩子综合征的年轻人比我想象的难对付，靠一般的逻辑是说不通的。

极端善于受人帮助

有的日本人认为，只有得到教导和实践的机会并收获鼓励，一个人的积极性才能被调动起来。可是笔者想说，就算有教导和实践，有些人还是一动不动。

甚至有的时候，我们自诩为指导者，却在不经意间被对方夺取了主导权，反而沦为提线木偶。

就像笔者在第二章的自助餐活动里提到的那样，如今的年轻人虽不会做决定，却会在受人帮助这件事上技高一筹。

以下笔者将他们步步为营夺取主导权的过程予以公开（职场人士可要擦亮眼睛）。

① 先说自己很想努力，展现自己的积极性；
② 同时表现得像个乖巧又认真的年轻人；
③ 不说多余的话；

④ 不做多余的事；

⑤ 也不做那些本该做的事，比如坚决不提问；

⑥ 被问及懂不懂、学没学过之类的问题时，不失时机地全面施展②的本领，到这一步已有八成的胜算；

⑦ 但此时绝对不能给出肯定或否定的回答，因为长辈最需要的就是年轻人的反应，不能轻易让他们得逞；

⑧ 之后随机使用②~⑦的技能，总之除了表现得乖巧认真以外，别的什么都不做；

⑨ 时不时露出疲惫和为难的神情；

⑩ 目标达到！长辈会开始包办一切。

不好意思，各位有好孩子综合征的年轻人，我揭露了你们屡试不爽的秘诀，从此这些技巧就失灵了——但大概是不可能的。

虽然长辈们隐约觉得包办年轻人的工作不是什么好事，却总是忍不住想帮他们。替年轻人解决困难的意愿，也意味着长辈想证明自己，年轻人在利用这一点上堪称技艺高超。技术如刀，总是越磨越利，因此擅长受人帮助的人也越来越多。

长辈想积极改变这种现状也很容易，只要不再惦记着施以援手就好了。

在年轻人看来，他们这样做不过是在满足长辈的施舍欲罢了，实际上是他们在为长辈提供人生帮助，而且主导权也在不知不觉中落到了他们手中。

再重复一遍，想改变这种现状，长辈就绝不能出手相助，也不能教他们，总之就是什么也不能做。

纵使如此，年轻人的技术也是天下无敌的，会刺激您的各种需求、诱导您出手。

"这孩子不会真的一窍不通吧？"

"如果我不帮，会不会对将来造成不好的影响？"

"现在帮一把，将来会比较好相处吧？"

"再坐视不理下去，未来会后悔吧？"

"其他的同辈会不会抱怨我袖手旁观？"

必须拥有坚定的意志与战略，才能抵御上述念头。

第四章

总是在担心自己与众不同

在人际关系上慎之又慎

大学校园内的某个午休时刻

抱歉，又要开始假设了。假设各位已经融入了大学生活，此时刚上完了两节课，在第三节课之前有一段午餐时间。有些人可能会说自己不怎么吃午餐，或者习惯自己带饭，不过这些情况现在我们不予讨论。

您和一位朋友一起走向食堂，当天的午饭有三种选择。

① 大学生协[①]的食堂：在日本大学，生活协同组合有着很大的影响力，食堂就是他们办的。菜单基本统一、固定，一份套餐大约卖 500 日元（没有想象中便宜）；

② 大学生协的小卖部：同样司空见惯，店内随意摆放着固定口味的面包、饭团和文具，不知道为什么，总是有

[①] 生协即"生活协同组合"，是一种为了提高某个区域人民的生活水平，在该区域内部自行生产、销售的组织。大学生协主要为在校生们提供饮食、交通、书籍、旅游等生活各方面的便捷消费，可以说与大学生们的在校生活质量息息相关。

很多"补脑面包"（个大便宜）；

③ 私营移动餐车：最近几天都在卖异域风情的午餐套餐（630日元），周围的空气中都飘荡着他家饭菜的香气。

您打算选哪个呢？

如果您是二十到四十多岁的职场人士，可能会觉得③最有魅力。亚洲各国的美食在女性群体中尤其受欢迎，或许带到教室享用也不错。

②的补脑面包和瓶装咖啡也挺适合，或许更受男生的青睐。对理科生来说只要能填饱肚子就行，多空出些时间打游戏不好吗？（这可不是偏见，我自己就是过来人）

选①的大体上都习惯在食堂就餐，这套习惯还包括找最近的托盘、拿好褐色的塑料筷子、往盘子里夹菜等一系列动作。另外，这些人一般都用绑定学生证的饭卡，如今的学生证连交通卡都能绑定，功能真够多的。

虽然费了这么多口舌，不过当代大学生的就餐情况根本不在我们的考虑范围内。真正重要的是，上述三种选择各自都有附带条件。

A：食堂排着长队，不过不至于影响上第三节课；

B：小卖部也同样排着长队，甚至更长，但是柜台结账挺快；

C：移动餐车无人光顾。

这么看来还是③比较吸引人？就选它，然后去教室吃吧？说不定位列班花四强的两大美女会在那儿享受校园生活，哪怕只是想象一下也让人小鹿乱撞。

可惜实在不好意思，现在要吃午饭的人是您，而不是AKB48或坂道系偶像团体①。

另外还有一点要说抱歉的，那就是如今的大学生不会挑这个选项。他们可不会像您想象中那样在午餐时间享受青春年华。

为什么笔者可以如此断言？因为这个选择游戏并不是凭空想象出来的，背后有实测数据撑腰。

现实中的大学生二人组，大多会选择去小卖部排队，根据笔者的观察，这并非偶然现象。无论这天是周几，或是放在任何一所其他大学，都能见到类似的情况。于是，大学中随处可见大排长龙的现象。

排队是因为不想与众不同

各位会如何理解这种状况？

配合客观数据，我们可以做出多种解释。

现在的大学生从家里拿的生活费是历史上最少的，与此相应的是，他们申请奖学金贷款的比例则屡创新高。对他们来说，午饭花销能少则少，移动餐车的630日元一餐未免太贵了。

或者我们也可以这么想：有很多学生在移动餐车营业的头一天就尝过了那里的外国菜，发现并不好吃。又或许，

---

① AKB48及坂道系均为由秋元康担任制作人的日本大型女子偶像团体。

他们觉得在小卖部买够十个补脑面包就可以在动机理论课上免除考试。

然而笔者的理解与上述不同。在这个例子中，我想和大家探讨的话题正如本章的标题——害怕与众不同。

如今的大学生之所以不愿光顾**无人问津**的移动餐车，是因为那样做会显得"与众不同"。

大学有着严格的规章制度，不是任何人都能在里面做生意。餐车老板想必是付出了巨大的努力和交涉才赢得了校内的经营权，从市场学的角度看，这份努力是配得上报酬的。一旦成功，眼前就是一片蓝海。到时候就餐的学生接踵而来，餐车会一跃成为校内网的网红点。

然而，好孩子综合征的不愿与众不同的心理会将餐车老板的梦想一击粉碎。

本章将着重关注当代大学生希望与人保持一致的心态，分析他们看似矛盾的心理。

最怕做自我介绍

有不少学生会说自己在大学（尤其是研讨会上）最怕的一关就是自我介绍。听到这种话，有人或许会觉得，他们准是被要求做一个面面俱到的自我介绍，然而事实却并非如此。充其量就是每人一分钟的简短发言。

从本书的开头读到这里的读者想必已经明白，他们之所以会害怕自我介绍，只是不想当出头鸟罢了，所以如果要求他们每人讲上个三分钟，教室的气氛会骤然紧张。

对他们来说，和发言内容同样重要的是发言顺序。

又到本书的老环节——好孩子综合征的判定提问时间了。

假设研讨会有八名同学参加，负责的教师让他们按照举手顺序进行自我介绍，会得到怎样的回应呢？

是争先恐后申请最后一个发言？

还是先从正中间（第四或第五个）开始？

不好意思，这些都是错误答案。

正确答案是鸦雀无声。

原因我们在上一章已经提过了，无论是多么鸡毛蒜皮的小事，毛遂自荐都会让他们心惊胆战。所以，有好孩子综合征的年轻人绝不会就范。

沉默之下，无可奈何的老师不得不再次开口：

"那么，学号为1号的青地同学，你想第几个发言？"

提问继续：青地会怎么回答呢？

既然有这样的机会，那就来做做我的拿手好戏——选择题吧。

① 最先讲（第一个）；
② 第二到第四个；
③ 第五到第七个；
④ 最后讲（第八个）。

正确答案是③（这道题可能简单了点），这大概就是现在大学生心中最不显眼的位置。然后其他选项也会被依次选中，当然，最后剩下的就是①最先讲了。

不管怎么说，这样一来顺序总算是确定了。作为一名老师，到这一步已经感到轻度疲劳了，不过还是得振作精神，让同学们开始自我介绍。

自我介绍的内容会是怎样的呢？

这很难做成提问内容，所以我就不卖关子了，不过它却是本章最重要的话题。

答案是：复制第一个做自我介绍的人的发言。

确切地说，从第二名同学开始，所有人都会复制第一名同学发言的内容。各位能想象那样的场景吗？举例说明的话就像这样：

第一名同学："我是碇健嗣，神奈川县人，参加的社团是烹饪研究会，请多关照。"

下一位上台的同学："我是横波零，石川县人，没有参加社团，请多关照。"

这种拷贝不走样的做法让听众都觉得难为情，我反而佩服这样做的同学能如此脸不红心不跳。但是在他们眼中，更叫人难以忍受的反而是表现出个性（抢风头）。

顺带一提，对好孩子来说下面的发言是不及格的。

下一位上台的同学："我叫纵波明日香，是金泽县土生土长的本地人。虽然没参加社团，不过正在烤肉店打工哟，今后我会更加努力的！"

对他们来说，这位同学加的料太多了，也许您不以为然，但这就是他们眼中十足的"出头鸟"。

对了，被迫第一个发言的倒霉蛋多半也复制了过去（比如高中时代等）的经验。

连"积极分子"都成了老皇历

本书的目的是以客观方式，来洞察大多数被归类为好孩子综合征的年轻人的心理。

当然，也有相当多的年轻人不在其列，比如上文提及的那位在自我介绍中加入个性的同学。

以前这一类同学会被人称为"积极分子"，这种说法带有讥讽的意味，类似于"自我感觉良好"。然而这种贬称已成了老皇历，因为对如今的学生来说过于直接和具有攻击性。

现在对他们的称呼要更为温和一些，比如"厉害的家伙"。有好孩子综合征的年轻人不喜欢带贬义的用词（至少在面对面的谈话中），"自我感觉良好"这个说法攻击性太强，会让他们紧张，"没有存在感"和"情绪不稳定"也成了自我解嘲用语。

毋庸置疑，"厉害的家伙"也隐含着类似于"积极分子"的意味。所以学生们在学习（成绩、课堂提问及回答等）和课外活动（就业、学生社团等）中被同辈直呼"厉害"也不会觉得开心，甚至会感到讨厌。

日本与亚洲其他国家对"摆拍"的理解差异

如今在日本流行的社交媒体主要有脸书、推特、照片墙、抖音、连我等。其中脸书用户的年龄层最高，推特诞生时间虽然很早，却广受包括年轻人在内的全年龄用户欢迎，在这一点上，连我也不遑多让。年轻用户占比最高的是照片墙，其次是抖音。

这里我们要关注的是"匿名性"和"摆拍"。匿名性对年轻人的效果，我们在第一章已经有所涉及，此处就简单带过。站在年轻人的角度，脸书用户的年龄层之所以偏高，是因为实名化明显。而照片墙用户中虽也有一部分人使用类似于实名的用户名（比如笔者的 daisuke_kanama[①]），但只要交流的双方知道对方是谁，叫什么名字并不重要。

在探讨年轻人的文化时，有些学者常常认为，强调实名的社交媒体对年轻人来说过度反映了现实社会，而他们追求的恰恰是与之相反、具有开放性的另一个世界。这一点也反映在照片和视频的"摆拍"程度上。

然而，"追求另一个世界"这种观点看似具备说服力，却着实失之偏颇。至少大多数大学生追求的是现实生活中的社交，而不是什么另一个世界。

但是他们在现实生活中的人际关系是极为狭窄的小圈子，其余的社交无法引起他们的兴趣。那些上传打工时的恶搞照片或视频的年轻人，只是在向自己为数不多的朋友炫耀罢了。他们想象中的观众不在网线连接的遥远世界，而只是身边的小圈子。

下面我们要提一提"摆拍"。有趣的是，日本学生在社交媒体上发布的内容和（尤其是亚洲其他国家来的）留

---

① 以作者姓名的英文写法略加改动的网名。

学生大相径庭。

留学生上传的照片和视频带有强烈的自我展示意识，其中的一部分照片甚至处理得过假，看着都不像本人了。

可是如今的日本学生不会上传那样的照片，他们在选图时最在意的是"同框的其他人看起来如何"。

只要镜头中的其他人是现实生活中的熟人，他们在上传照片、视频甚至编写话题标签时都会对对方顾虑有加。

假如和三个朋友一起去了游乐园，要在众多照片中选哪一张呢？就算其中有一些自己显得上镜，可只要同框出镜的其他人看起来效果不好也不能用。

即使在社交媒体上上传照片，有好孩子综合征的年轻人也是慎之又慎。

问题是在谁的眼中"出风头"

只在意极端的小圈子是好孩子综合征的一大特征，所以我们要再深挖一下。

重点在于他们在谁眼中出了风头。

他们在意的并非出风头这件事，无论是当个积极分子又或者被人夸奖，对他们来说都无所谓。

他们恐惧的是被自己所属的小圈子的人知道。

笔者在本书中刻意频繁地使用了"恐惧"这个词，可能会让有些读者感到好奇。然而，没有别的词语比"恐惧"更能准确表达好孩子综合征年轻人的感受了。

他们也会害怕很多事，比如遇见鬼、挨老师的骂、找不到工作、痛失前程。可有时候，与众不同、在自我介绍中出糗、（在想象中）被人当作怪人要可怕得多。

因为这份恐惧总是突如其来，所以他们会成为强烈的本能反应的俘虏，并且在漫长的人生中被恐怖体验的记忆支配。

有些人可能会觉得现在的年轻人被困在这样的牢笼中很可怜，不过我相信，有不少人会凭直觉去理解他们，无论程度轻重。近年来，对周围反应敏感的人越来越多，所以我们常常会听到"高敏人士（Highly Sensitive Person）""脆弱人士"之类的称谓。

"你好，迈克"事件

从前，我班上有位同学在英语课上用极为纯正的发音念出了课文，我不记得那位同学来自哪个国家，不过印象中是一个"海归"。

她应该是在初二第一学期期末转学过来的，我和其他同学当时还很惊讶她会挑这个时间段转学。不过考虑到国外的学期安排，七月入学或许也算正常。

那位同学用英文说"你好，迈克（Hi, Mike）"的时候，发音很纯正，无论我们怎么模仿，都做不到像她一样。

我打从心里觉得她很酷，也向她讨教过发音的心得。

不久之后，全班同学都开始流行说"你好，迈克"，不分时间、场合。吃饭、传球、上厕所，都要来上一遍。这么做很搞笑，也常常把人笑得连牛奶都喷出来。

肯定会有不少人觉得这其实是一件很难评的事，并不只是男生没心没肺搞笑那么简单，某种说不出的阴暗气氛也在教室中弥漫。

不过班上同学的注意力并没有在这件事上集中很久，他们很快又去关心期末考试和暑假了。虽然我们班也有不听话的孩子，不过在三十来岁的青年班主任干劲十足的领导下，全班的气氛原本也不算差。然而，只要中间有某个环节出了差错，教室的人际关系可能就会往糟糕的方向发展。

缺少竞争意识

我们再把话题往前推进一步。

如今的年轻人越来越不愿意成为周围人关注的焦点，却更加希望得到好朋友的理解。

这种倾向也表现在竞争意识中。

并不是说他们想要赢的想法变弱了，准确来说，是凭自己的意愿参加竞争、获得胜利和表彰这一想法变得非常弱。

再说一遍，现在的年轻人"不想输"的想法本身并不弱。说得再准确一点，他们是非常怕输的，以至于只要竞争存在一丁点儿失败的可能性，他们就会拒绝参加。所以，如今的年轻人是在排斥竞争。像职业棒球锦标赛的八十三胜六十负、相扑比赛的八胜七负之类的结果，都是他们无法接受的；如果要参与竞争，就只能是一战一胜。

常有人认为引起年轻人这种心态的背景是少子化现象。与团块世代[①]和团块次世代[②]相比，如今二十几岁的这批人（被称为悟世代[③]或数字世代[④]）的同龄人数是最少的，所以有人认为他们因此缺少一种与他人竞争的意识。

他们常常被拿来和各种意义上都最吃亏的团块次世代做比较。单从数字来看，团块次世代在2021年时大约是四十七岁至五十岁，人口大约为二百万。而2021年年满二十岁的人口约一百二十万。

这两组数字会经常被拿来比较，因为它们正好能构成亲子关系的两个年龄段。

团块次世代的父母是团块世代，后者的人数约为二百二十万。所以至少从表面上看，团块世代生下了和自己几乎持平数量（只是略微减少）的孩子。而这两代人也正好构成日本人口统计上的两大高峰。

然而团块次世代只打造出了平缓的高原，没能创造第

[①] 指1947—1949年间生于日本的一代人，当时正值二战后日本出现第一次婴儿潮。这代人也是20世纪60年代中期推动日本经济腾飞的主力。他们为了改善生活而辛勤劳动，紧密地聚在一起，因此用"团块"来比喻这个世代。

[②] 原文写作团块ジュニア，指1971—1975年间生于日本的一代人，是"团块世代"的孩子，因而被称作"团块次世代"或"婴儿潮次世代"。他们与1976—1982年间出生的"后团块次世代"一道，统称为"冰河期世代"，因为这两代人成年时恰好是日本泡沫经济崩溃的时期，就业情况异常艰难。

[③] 指1983—1994年间生于日本的一代人，这代人也遭遇了日本经济下行、失业裁员、地震受创等，对物欲追求极端低迷，也被戏称为"看透人生的一代"。

[④] 也称"Z世代"，指1995—2003年间生于日本的一代人，这代人的成长过程经历了互联网的飞速发展，不仅生活的方方面面都离不开数码产品，也会依靠网络获取各种信息。

三大高峰。原因除了出生孩子变少以外，也包括生育年龄范围的扩大（特别是往高龄段发展）。

单看数字已经能够发现其中的差距，可如果把焦点聚集到本书涉及的大学生群体，就能看出团块次世代的大学录取率为 25% ~ 28%，而如今在二十岁左右的年轻人当中，这个比例却高达 55%。换言之，尽管他们的同龄人口数量减少了四成，大学录取率却提升到原来的两倍，这也解释了少子化并未造成大学生绝对人数减少的疑惑。

这一代年轻人的就业情况也有类似的倾向。公务员总数一直以来都没什么变动，大企业数量和比例甚至有所提升。大学生和研究生的求人倍率[①]在 2000 年——正值团块次世代中年龄最小的一批人迎来毕业季，也是就业冰河期的最低谷——为 1.0 倍（这也是近年来唯一一次倍率跌到 1 的特例）。相比之下，尽管新冠疫情对航空产业等领域造成经济打击的新闻接踵而至，但是 2022 年毕业的学生求人倍率预计仍有 1.5 倍。

这么看来，与其说悟世代和数字世代缺少竞争意识，倒不如说他们根本不需要竞争。

顺便一提，刚才提到的在（由团块次世代打造的）人口结构高原的末端出生的这批孩子，到 2021 年正好年满十八岁，所以今后每年年满十八岁的人口又将迎来急剧减少的趋势，竞争局面或许将进一步成为过去式了。

---

① 反映了一个统计周期内劳动力市场的供需状况，日本的求人倍率 = 求人数 / 求职者数。求人倍率小于 1.0 时，反映当期劳动力市场供大于求，部分人无法找到工作；反之，求人倍率大于 1.0 时，反映当期劳动力市场供小于求，会出现职位空缺。

竞争让位给配合

日本的学习指导纲要常被拿来探讨教育对青少年气质和心理所产生的影响，比如"宽松教育"就是对当时的学习指导纲要特征（尤其是相较于过去的做法）进行简化夸张处理后的一种表达。具体而言，它指的是放弃填鸭式教育、重视个人体验的教育方针，对象是1993年至2010年入学的小学生。

这份学习指导纲要强调的是自主学习、思考的意愿和态度，并将其定义为"兴趣、意愿、态度"。该纲要认为，相比高效吸收所接收的素材，学生的学习主动性才更为重要，而且作为自主学习基础的"思考能力、判断能力、表达能力、技能"也必须同时提高。

宽松教育引起讨论最多的是不给学生的赛跑设排名（也就是说跑步比赛名存实亡），让学生们"手牵手到终点"。所以接受宽松教育的一代才被人讥讽为"没有竞争的经验"。的确，他们的竞争环境比从前宽松得多，但是如前所述，宽松教育的本质是一套强调个体经验和体验的教育程序。

我认为这种观点至关重要，还请各位读者务必留意。简而概括要点的话，所谓宽松教育指的是"使竞争环境宽松化，强调个体经验和体验，培养自主学习、思考的意愿和态度"。

强调个体经验和体验、培养自主学习和思考——自我的因素在其中非常强烈。

至于人际关系，宽松教育强调的是主体性和配合，而非竞争。

在这点上表现得最明显的应用实例是"综合学习"。虽然关于综合学习的具体操作,各所学校都有权灵活变通,不过他们大多采用了类似的基本形态。

首先是让几名学生组成小组,再让他们合作确定课题,并进行调查研究。然后,小组会先对调查结果进行讨论,再综合大家的意见予以发表。按照这样的设计,强调个体的自主学习能力和身为团队成员之一的配合能力就能同时得到培养——理论上是这样。

让学生放弃与他人竞争的方式,学会体谅身边每一个人、配合他们的步调、齐心协力攻克难题——理论上是这样。这也是宽松教育的目标。

到此为止,恐怕会有不少人觉得这种教育理念非常棒。强调个体经验和体验、培养自主学习和思考的能力,与此同时配合周围人的步调、齐心协力攻克难题——听起来确实很好。

但是请回想一下,我们要讨论的是:为什么强调个体经验的教育方针和协调的环境,会培养出如此强烈的同步意识和泯然众人的想法呢?

配合让位给同步

在实现宽松教育这个雄心壮志的道路上有一只巨大的拦路虎——我们该如何测定、评价自主学习的基础,即"思考能力、判断能力、表达能力、技能"以及"兴趣、意愿、态度"这几个方面呢？

我们只能"感觉出"某人拥有优秀的思考能力和表达能力，如果考察对象是一组人，只要他们的能力不分伯仲，我们也可以凭"感觉"给他们排名次。

事实上，各类面试的考官就是这么做的。

就算是考查青少年的思考能力和判断能力、意愿和态度，情况也如出一辙。对一个孩子的学习意愿强不强，现场的老师是可以凭"感觉"下判断的。

然而"凭感觉"无法保证义务教育中最重要的公平性，于是，人们必须借助某种客观标准。

而且"无法测定就意味着无法培养""培养的前提是测定"等原则也深入人心，想客观评价学生的学习意愿，就必须先对之进行测定并予以量化。

所以，对学生们能够表现出思考能力、判断能力、意愿和态度的一部分行动进行简单计分的方式，成了唯一的选择，比如课堂提问的次数、自主参加课外活动的次数等。

但这样做又迎来了新的问题，那就是前面提到的强调配合的方针。刚才这一重要信息只是一笔带过，我们再回顾一下：学校是"强调个体经验和体验、培养自主学习和思考的能力，与此同时配合周围人的步调、齐心协力攻克难题"的地方。在班级管理的过程中，老师必须对这一程度予以测量，并给出可视化的数据。

同班同学本来就是同龄人，哪怕有一点儿差异都很容易被察觉，在这样的环境中，发挥个人主体性的行为，就会扰乱"大伙一起、团队合作、同心同体、有如家人"般攻克难题的情绪机制，变成一种"强出头"的状况。这种集体情绪会转变成一种保持同步的压力，让当事孩子"自我克制""别出风头"。

而孩子们只是出于生存本能而厌恶、排斥异己分子。

孩子们不再举手的时期

讨论变得有些掉书袋了，一旦放飞自我就开始侃侃而谈、弃周围人于不顾是身为研究者的坏习惯，该反省。

本章也临近尾声了，我们将焦点再次对准好孩子综合征吧。

最后我们要思考的是：好孩子综合征是何时开始出现症状以及是怎样愈演愈烈的？

笔者以前曾做过一个调查，想了解一下从几年级开始，当听到老师在小学课堂上提问时，学生们就不再踊跃举手了。

结论是：分水岭位于小学三四年级，从五年级开始，孩子们就不再天真地举手了。

这意味着本章的主题——"害怕与众不同"这个念头，大概从那时起就在孩子们心中发芽。升入小学高年级，直至进入初中以后，周围的目光对他们的消极影响只会变本加厉。

孩子们在那个年龄阶段究竟遭遇了什么？如果能搞清这一点，或许能找到对策。这种情况被称为"十岁的障碍""四年级的南墙"，且比我们想象中要难对付得多。

不想破坏气氛就必须表演

在初中教理科的一位朋友告诉我：

"最近的初中生很会在好朋友面前表演，尤其是举办校内活动的时候，他们非常担心破坏彼此的关系，也在这件事上颇费苦心。要说看起来很不自然吧，倒也没有，就是给人一种怪怪的感觉。"的确，笔者也觉得现在的年轻人演技高超。

他们每个人都害怕和身边人的关系出问题，从而或多或少地伪装了自己。

"说不定开始学会表演的年龄越来越小了。"

朋友这般猜测道，我也表示同意。

现今的年轻人从小就学会了人际交往靠表演这种高端技巧，上大学以后，演技又更上一层楼——这么想的话，很多疑问都能得到解答。

就算在日常闲聊中不小心表达出与对方不同的意见，他们也能凭借高超的演技在一瞬间让对立仿佛不曾存在。

我倒不觉得这是一件坏事，甚至觉得他们懂得体贴朋友，表现出"体谅身边人的能力"。

不过与此同时，我也有些不舒服，甚至感到害怕。因为他们表演起来惟妙惟肖，难怪我那个教理科的朋友会有怪怪的感觉。

要说那是"踏足社会的必备技能"也不为过，说到底，也许整个世界都是一场说谎者游戏，人只有掌握处世之术才能活出安全感。

可是，将这种处世的演技、伪装出来的自己、树立的人设用在最亲近的人身上是否太过了？

在意别人的目光，始终与人保持适度的距离和关系，这样的世界未免太过脆弱、敏感，让人喘不过气来。可与此同时，这也是一个稳定的世界。任何会打破这种微妙平衡的力量，对有好孩子综合征的年轻人来说都成了"压力"。

不过话说回来，究竟是什么原因让年轻人不得不表演，且恐惧从演技社会掉队的呢？

第五章

在求职过程中也照常
发挥的好孩子综合征

一味追求
稳定

面试官火大的原因

就像我们在第二章提到的,对好孩子综合征的年轻人来说,没有什么比平等更重要。反过来说,就是他们最讨厌和别人拉开差距,比如竞争。

但现实社会可没那么仁慈,根本不存在没有竞争的乐土。

一脸凶相的大叔们如是说。

本章的焦点是年轻人最棘手的竞争活动——求职。

或许本书的读者中也有人作为用工方与这样的年轻人有过接触,是不是常常因为搞不清当今年轻人在想什么而感到火大呢?

或许您想抓住机会进行一场对双方都有意义的交流,因此对他们提出各种问题,得到的反馈却寥寥无几。很快,面试官就开始坐立不安,满头大汗地独自喋喋不休。

即便如此,事后您还会安慰自己说"学生们都一脸认真专注地听我说话,真是太好了",还转告同事"最近的大学生真是认真又乖巧"。这时候,您就已经着了那些极端擅长受人帮助的学生的道了。

近年来,用工方为了实现双向交流,且尽可能表现得开明,发明并实践了形形色色的技巧,其中典型的例子就是高趣味性的小组讨论。

不过,这年头的大学生早已习惯和同学开展讨论,从小学就开始久经训练了。换言之,他们早已掌握了小组讨论的模板。

在敏锐的面试官看来,这种套路化的交流只会让人感到不适和空洞,他们会认为"最近的应届生真不知在想些什么,这种尝试究竟有必要吗",或者干脆说服自己这只是替公司做做宣传。

培训制度是怎样的呢?

求职的学生绝不会展露真实的自我,只会按照模板表现出所谓的"个性",也就是假装说"真心话"。即使想真诚面对,用工方在学生精湛的演技面前也如同以卵击石。

所以,就算知道自己是在白费功夫,用工方还是忍不住会提出这样的问题:

"各位还有什么问题吗?最初级的也可以提,你们都只是大学生,不懂是很正常的。"

这时一定会有人问:

"请问贵公司采取怎样的培训制度?"

唉，又是培训制度。想必负责人事工作的各位都要垂头丧气了吧，毕竟"培训制度"相关的问题是企业宣讲会上有名的老生常谈。虽然这绝对怪不到笔者头上，但是身为一名大学教师，笔者在这里还是要说声抱歉。

尤其是最近的大学生，常常一厢情愿地把公司想象成某种"严格固化了的体系"，才会提出上述问题。

类似的问题还有：

"想干好这份工作，还要考哪些证书？"

"人事分配会遵循怎样的规定？"

诸如此类。

你们就问不出什么别的新鲜玩意儿吗？

说到底，证书这种东西不是有必要的时候才会去考的吗？人事分配的情况一半要看公司的需要，另一半也看个人意愿。你们不会真的以为，日复一日干着机械化的工作就能拿到薪水吧？！你们可是从大学毕业的呀。

我能想象各位心中的抱怨。

当然，各位是不会把这些话说出口的（都是成熟的人嘛），年轻又廉价的劳动力对公司来说是必不可少的。归根结底，求职活动就是学生和企业间的互相欺骗罢了，看谁的演技更高。

该穿求职套装吗？

我们来换个话题，一到每年春天的日本求职季，关于是否真的有必要穿求职套装的争议就会重新被提起。

"没必要吧？都说了，面试的时候从自我介绍到求职动机都要尽可能表现真实的自己，为什么偏偏还要穿上千篇一律的服装呢？岂有此理！"这一类想法便是争议的起点。

想法的确合理，正因为合理才能引起广泛共鸣，尤其是来自企业的共鸣（如果您以为共鸣会来自大学生，那接下来的内容一定会让您大跌眼镜，还请扶稳了）。

很多人不知道，其实规定必须穿正装上班的企业屈指可数。相反，大声疾呼拒绝正装、穿便服上班也无妨的企业才占据大多数，而且这种现象已经持续相当长时间了。

2018年朝日新闻社求职板块发布的一条推特让笔者记忆犹新：

各大公司的面试官们，是不是考虑共同宣布求职者"不用穿求职套装"呢？面试官考察的是面试者的个性，服装也是一种自我表现。（下略）

朝日新闻社人事部
2018年3月26日

这条推特会给我留下强烈的印象，是因为作为一家公司的人事部门，居然使用原本面向学生的社交沟通工具，向其他公司的人事部门传递了信息。

有很多其他公司的人事部门都在下面留言表达"赞同"，或是表示"自家公司不会因为面试者的服装而加减对方的印象分"（原来大家都在关注别家公司的人事社交媒体）。

如今，很多企业在招聘时都会加上"可穿便服""着装自由"的宣传语。

看到这样的招聘信息，偶尔会有学生跑来咨询研讨会的老师（就是我），或者大学的求职辅导老师：

"第二次面试的指南上写着'着装自由'，这话能信吗？"

笔者会保留答案，并反问：

"你讨厌穿套装吗？"

如果是我的学生，会回答：

"如果不穿套装就会被扣分，这种公司就算进了，我也会很快辞职的。"

"那你会穿什么衣服去？"

"干净整洁的吧。"

于是我会给学生打气："你自己不是有答案了吗？老师绝对赞成，就那样穿，加油！"

可惜这类学生凤毛麟角，每年都有九成以上的应届生会选择穿求职套装。

我们来听听这九成人的意见吧，以下都是针对"你讨厌穿套装吗？""不穿套装会穿什么去？"这两个问题的真实回答：

"我也觉得大家穿一样的正装有点恶心，可不穿的话会不会被面试官另眼看待呢？这么想的话，穿便服还是太冒险了。"

"职场非儿戏，穿便服太奇怪了。"

"和周围人穿得一样会比较放松，大家不都这么想吗?"

"我的便服没啥品位。"

"所谓的着装自由难道不是企业的一种宣传策略吗?刻意营造一种轻松的氛围。"

"上次去面试的那家企业要求我们穿套装到场,他们说真正在意的是我们的为人和思想,还有积极性和潜力,这反而引起我的共鸣。"

其中不乏精彩的观点,不过绝大多数都类似于第一种——穿便服太冒险。

根据大学生协提供的信息,对如今的求职套装,男性大半选择黑色或深灰色,女性则几乎一律选黑色。

女性从前也有偏好淡灰色和蝴蝶结领带的,现在则更加整齐划一了。据说黑色的比重是从2000年左右开始提升的。

在笔者求职的20世纪90年代,常能见到这样的高档品牌求职套装广告:彰显个性、与众不同、能者印象。和那时候相比,男性也越来越趋同了。

穿求职套装是为了谁?

求职套装为什么变得整齐划一了?这究竟是谁的选择?

对于"谁的选择"这个问题,看到这里的朋友相信已经不会疑惑——不错,答案正是年轻人自己。

如今大多数年轻人首先想到的就是泯然众人。越是在重要的场合，他们越会费尽心机埋没在众人之中。求职套装便是这种心态的象征。

学界也有很多人认为，求职服装的单一化是因为就业也如千军万马过独木桥一般。尤其是女生服装的统一起始于第二次就业冰河期，她们如此重视服装就是为了尽量不被扣印象分。

然而，此后日本迎来了两次长时间的经济复苏局面，在新冠疫情到来前，只差两个月就能实现二战后为时最久的经济向好，就业市场也长期倾向于求职者。即便如此，求职套装统一化的现象也没有停止脚步。

年轻人做决定并不是根据社会形势来的，对他们来说，当下小圈子的氛围才是一切。

求职申请表也越来越雷同

每逢犹豫，现代大学生就会求助网络，因为有好孩子综合征的年轻人相信网络会给他们答案。关于求职套装，某个网站是这么讲的：

求职中的各位大学生朋友：
　　应聘穿搭的基准是"别被扣分"，请尽量排除一切减分项，比如彩色衬衫、条纹西服等。万一让面试官觉得这个学生太自以为是就不好了，毕竟这种面试官也不是绝对没有。

同样，假如在网上搜索"应聘 便服"一类的关键词，我们就能看到无数出谋划策的网页。在应聘时，就连"便服"都变得整齐划一了。

话虽如此，为面试穿搭求助于网络也不是不能理解。更有甚者，在填写尤其强调个性和自我展示的求职申请表时，年轻人也严重依赖网上的信息。

众所周知，求职申请表是求职活动的起点。学生与企业最初接触的机会主要是实习说明会。一般情况下，活动结束后（或在活动中）有意向者就会递上求职申请表。企业会根据申请表进行初筛，让通过筛选的学生参加第一次选拔。顺带一提，如今实习的竞争激烈程度比正职更甚。

求职申请表的内容基本上包括个人情况、几百字的自我介绍以及求职动机。有些企业还会更进一步，要求对方写出尊敬的人物，或者提供用于自我展示的两分钟以内的视频。

大学生们会上网找参考来写"几百字的自我介绍和求职动机"。有的求职信息网站上还会大量刊登从前在该企业通过选拔的人当时写的申请，或在面试中回答的问题答案，当然，他们一般会隐去当事者姓名。

就算您对年轻人说"像你这么优秀的人，自己写就好了"这类话，也会被当作耳旁风。哪怕花上一周时间来准备，只要网站提供的信息与自己的方针有出入，他们就会心里七上八下，然后轻易将申请表改得面目全非。

面对这一类学生，您难免会想说：

"许多竞争对手也都会去看那个网站，大家都写一样的内容,到时只会一起落榜。"

"企业想了解的是你本人,并不是要你提供什么正确答案。"

但这么做是白费功夫,请省省吧,搞不好还会起反效果。

因为"想了解的是你本人"这种念头只会让年轻人心惊胆战,毕竟他们一心只想泯然众人。想要保持个性、彰显自我的年轻人打从一开始就不会上网找答案。

挤破头想当公务员的真正原因

在2021年的当下,日本家长最希望孩子选择的职业是公务员。而且不是国家公务员,必须是地方公务员。最理想的情况是在本地政府上班,虽然单位可能离家有点远,总比去外地叫人放心。

这份职业唯一的坏处是难以在人面前夸口。

日本人对公务员有意见不是一天两天了,现在要是对别人提什么"我儿子在县政府上班",就会被当成是炫耀。父母也会提醒当公务员的儿女买房小心点,千万别弄得太奢侈。

在2021年的当下,日本大学生最向往的职业同样是公务员,而且同样不是国家公务员,必须是地方公务员。最理想的是政令指定都市[①]的市政府,以便住在城里、不被调

[①] 日本政府根据《地方自治法》指定的特别城市,通常人口超过50万,拥有较高的自治权,可以制定一些仅适用于本地区的法规和政策,是日本一种特殊的市级行政区划。截至目前,包括京都市、大阪市、横滨市等在内的20个城市。

去乡下。退而求其次的则是条件基本相同，但有可能会被调去偏远地区的都道府县①政府。等成立了家庭，在郊区独立门户之后，他们也千万不能把房子选得太招摇，最好是性价比高、小巧玲珑的建筑。

很多企业，尤其是业务涉及人力资源、保险、教育行业的大公司，每年都会发布以大、中、小学生为调查对象的"理想职业排名"（这也是它们的一种宣传手段）。无论是哪家的调查，大学生组的结果基本上都是公务员遥遥领先。而在高中生组的结果中，公务员也能排进前三。

根据迈纳比（Mynavi）股份有限公司的《迈纳比2022年应届生对公务员印象调查》的结果显示，想当公务员的学生中有67.00%选择"地方公务员（市区町村②政府）"，有52.10%选择"地方公务员（都道府县政府）"，相比于其他选项遥遥领先。而且这两种选项的得票率已经连续三年大幅走高。同为公务员的"国家公务员（综合职）③"17.80%的得票率，以及"教师"9.30%的得票率与之前两项选择"地方公务员"的得票率一比就显得小巫见大巫了，而且这两项的得票率三年来都在连续走低。

近年来，地方公务员过于受欢迎，以至于一部分年轻人即使通过了难度更高的国家公务员考试，也会选择前往县政府或市政府工作。至少在制定政策和行政指令系统的

---

① 日本的一级行政区划，包括东京都、北海道、大阪府、京都府和43个县。
② 日本的行政区划，包括市（城市）、区（特别区）、町（城镇）和村（乡村）。
③ 指通过日本国家公务员考试选拔出来、在中央政府或国家级机关工作的公务员。

层面,日本中央政府的地位肯定要高于地方政府,但是年轻人对此并不在意。倒不如说,这种构造还提高了地方政府的人气。毕竟,有好孩子综合征的年轻人最讨厌的就是自行提议或发出指示了。

于是乎,日本全国的各所高校都在拼命展示学生毕业后前往地方政府当公务员的成绩,很多私立大学也开设了自家的(地方)公务员考试相关课程。

提前声明,笔者并不是要在这里批判公务员,而是想探讨大学生究竟为何执着于做地方公务员。

很多人对公务员的受欢迎程度有所误解,请看下面的数据。

前面提到的《迈纳比 2022 年应届生对公务员印象调查》的另一组结果,内容是询问了学生想当公务员的原因。得票数排名为:"稳定"(67.20%)、"节假日和各种福利优越"(40.50%)、"社会贡献度高"(38.20%)、"薪水待遇好"(37.40%)、"可以从事与当地民生相关的工作"(33.20%)。

迈纳比得出的结论是:(在追求长期稳定的基础上)学生们重视"社会贡献度高""与当地民生相关的工作"这两方面,且这个比重比往年有所增加,新冠疫情也对公务员这个职位的人气起到了推波助澜的作用。

心态倒是蛮乐观的,不过将结果草草归因于新冠疫情的做法还是让人不敢苟同。而且问卷调查这种形式看似客观,其实在提问和选项的设定上都有文章可做,想改变结果也绝非难事。这份调查的选项也流于表面化,以致对于结果的解释失之偏颇。

他们眼中的"稳定"

重点是,对现在的大学生来说什么是"稳定"?

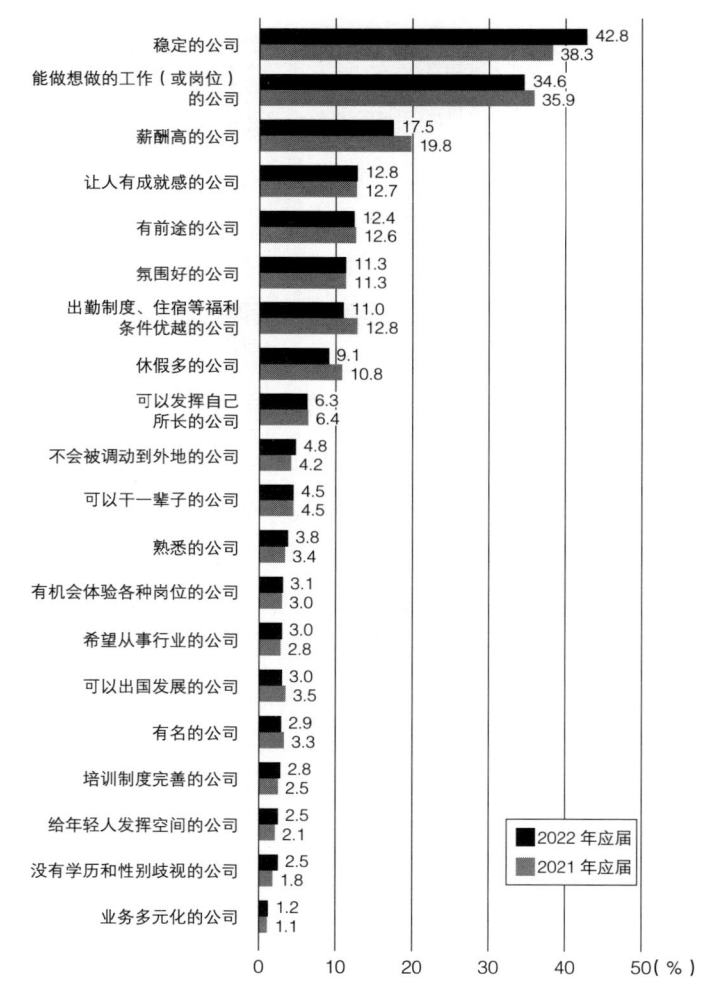

选项	2022年应届	2021年应届
稳定的公司	42.8	38.3
能做想做的工作(或岗位)的公司	34.6	35.9
薪酬高的公司	17.5	19.8
让人有成就感的公司	12.8	12.7
有前途的公司	12.4	12.6
氛围好的公司	11.3	11.3
出勤制度、住宿等福利条件优越的公司	11.0	12.8
休假多的公司	9.1	10.8
可以发挥自己所长的公司	6.3	6.4
不会被调动到外地的公司	4.8	4.2
可以干一辈子的公司	4.5	4.5
熟悉的公司	3.8	3.4
有机会体验各种岗位的公司	3.1	3.0
希望从事行业的公司	3.0	2.8
可以出国发展的公司	3.0	3.5
有名的公司	2.9	3.3
培训制度完善的公司	2.8	2.5
给年轻人发挥空间的公司	2.5	2.1
没有学历和性别歧视的公司	2.5	1.8
业务多元化的公司	1.2	1.1

注:选其中两项
出处:迈纳比《迈纳比2022年应届大学生就业意向调查》(2021年)

图 5-1 选择企业的原因

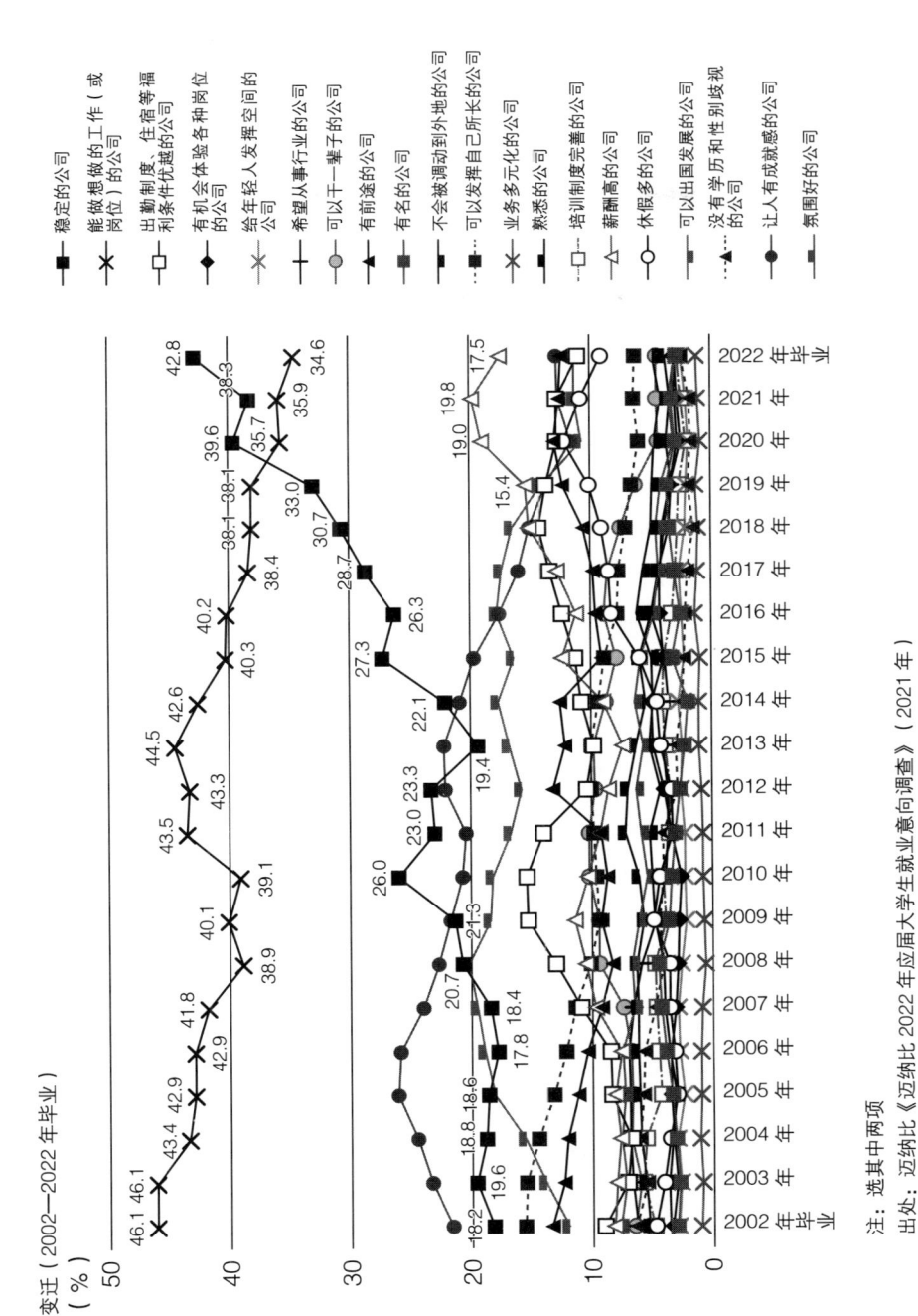

图 5-2 选择企业的原因（历年变化）

注：选其中两项
出处：迈纳比《迈纳比 2022 年应届大学生就业意向调查》（2021 年）

第五章　在求职过程中也照常发挥的好孩子综合征　089

图 5-1 是同样由迈纳比发表的《迈纳比 2022 年应届大学生就业意向调查》的结果。由此可见，学生在求职活动中最青睐的是"稳定的公司"，该选项的得票率高达 42.8%。

与此相对，"让人有成就感的公司"和"有前途的公司"这些看似受欢迎的选项，得票率却只占一成多。

这份调查结果很有启发性，我们再稍微详细看一下。图 5-2 展示的是从 2002 年到 2022 年应届生问卷结果的历年变化，如您所见，长期独占鳌头的"能做想做的工作（或岗位）的公司"从 2020 年起就被"稳定的公司"赶超了。

细看可知，大约十年前"稳定的公司"得票就超过了"让人有成就感的公司"，另外"薪酬高的公司"和"休假多的公司"最近几年的得票也在持续上升。

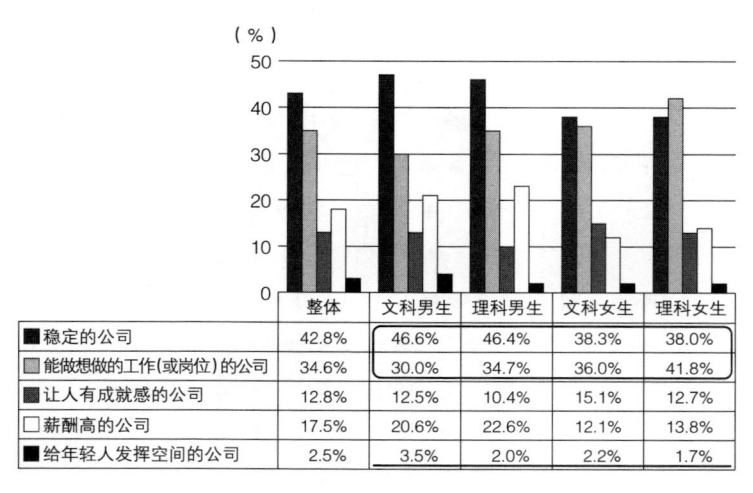

	整体	文科男生	理科男生	文科女生	理科女生
■ 稳定的公司	42.8%	46.6%	46.4%	38.3%	38.0%
▨ 能做想做的工作(或岗位)的公司	34.6%	30.0%	34.7%	36.0%	41.8%
▦ 让人有成就感的公司	12.8%	12.5%	10.4%	15.1%	12.7%
□ 薪酬高的公司	17.5%	20.6%	22.6%	12.1%	13.8%
■ 给年轻人发挥空间的公司	2.5%	3.5%	2.0%	2.2%	1.7%

注：选其中两项
出处：迈纳比《迈纳比 2022 年应届大学生就业意向调查》（2021 年）

图 5-3　选择企业的原因（按文理科和性别分别统计）

从迈纳比的调查还能得出另一个有趣的结果，图 5-3 是将图 5-1 按照男女和文理分科分别统计的结果，以下两点引起了笔者的兴趣：

首先，"稳定的公司"的高人气是由男生推动的，男女结果相差八个百分点，而"能做想做的工作（或岗位）的公司"的结果构成正相反。前面提到 2020 年"稳定的公司"首次拔得头筹，但这主要是男生选出的结果，在理科女生眼中"能做想做的工作（或岗位）的公司"依旧排名第一。

也就是说，在如今的大学生当中，积极性最高、拥有最强自我实现愿望的是理科女生，相反，理科男生对"让人有成就感的公司"兴趣寥寥这一点也颇引人注目。

男女生的反应相差这么大，的确挺叫人震撼的，不知该感到意外还是理所当然，各位读者的感想恐怕也不尽相同吧。男生越来越食草系（这种说法也已经过时了）的趋势没有改变。

其次，"给年轻人发挥空间的公司"的得票数低得可怜，以至于在图表上几乎看不见了。明明调查对象是年轻人，结果却是"给不给年轻人发挥空间都无所谓"，当代日本年轻人的职业观从中可见一斑。

不过我们也不该忘记，这同时也是他们对企业长期压榨自己的防卫表现，"给年轻人发挥空间＝黑心企业"已成很多学生心中的共识。

好了，现在我们知道对年轻人来说"稳定"有多么重要了。

我想问的是，什么样的状态或者情况在他们看来属于

"稳定"？

或许各位读者当中的大多数都会认为，稳定指的是不容易倒闭，现在的大学生在某种程度上也会赞同这一观点。

除此以外，他们还普遍认为大企业不容易倒闭，尤其是自己听说过的大企业。

这也情有可原，毕竟他们没有工作经验。一个人只有踏入职场，才会了解到从事B2B（企业与企业之间通过专用网络或因特网，进行数据信息交换、传递，开展交易活动的商业模式）业务的企业有多么强大。

不过跟他们聊多了就会发现，他们所认为的"稳定"很可能也包括精神层面的。

对他们来说理想的职场环境是周围都没啥紧迫感、上司和前辈别太狼性、每天工作内容固定、没人会要求他们趁年轻多干活或者有理想。

也就是说，年轻人喜欢的"稳定的公司"，要能够提供稳定的情绪环境。

事实上，我们从前面的调查数据中也能发现其中的端倪。如果他们只是**想在稳定的公司发挥所长**，"稳定的公司"和"能做想做的工作（或岗位）的公司"的比例差距就不会那么大（而且迈纳比的问卷调查是可以双选的，这个设计很巧妙）。

这意味着如今有很多大学生认为做想做的事或者获得成就感与稳定是冲突的，那些追求自己想做的工作的人都属于"积极分子"，他们的工作与稳定无缘。

窃以为，这一点在讨论当代大学生心理时不可或缺。

"我不是那类人。"

只要这么一说，很多大学生便心领神会了。

"我跟那类人不一样，不想找什么有成就感的活干，最好能在大企业处理日常行政事务。"

因为有这种心态，他们才会如此青睐大企业和公务员。

正因如此，人岗不匹配的现象持续存在

相信也会有大学生读这本书，很抱歉，从头到尾都在拿你们开涮（是责任编辑要求的，理由是这样比较有趣）。

大学生朋友，请留心下面的内容（可能怪打击人的，不过请别气馁）。

图5-4是日本经济团体联合会[1]（经团联）发表的《关于高等教育的问卷调查结果》中的一部分。其调查对象不仅包括经团联的会员企业，也包括非会员企业，总计443家。经团联要求企业从图表的选项中选出自己最希望学生拥有的资质、能力、知识，按第一到第五的顺序排列——第一得5分，第二得4分，第三得3分，第四得2分，第五得1分。图表显示的就是结果总计。

我们来看一看。

无论文科还是理科，企业最希望学生拥有的资质和能力是"自主性"，其次是"执行能力""确定课题并予以

---

[1] 主要由日本的大型企业和行业协会组成的经济团体，具有非营利性质，在日本政界和经济界具有重要影响力，是政府制定经济政策时的重要咨询机构。

【文科】

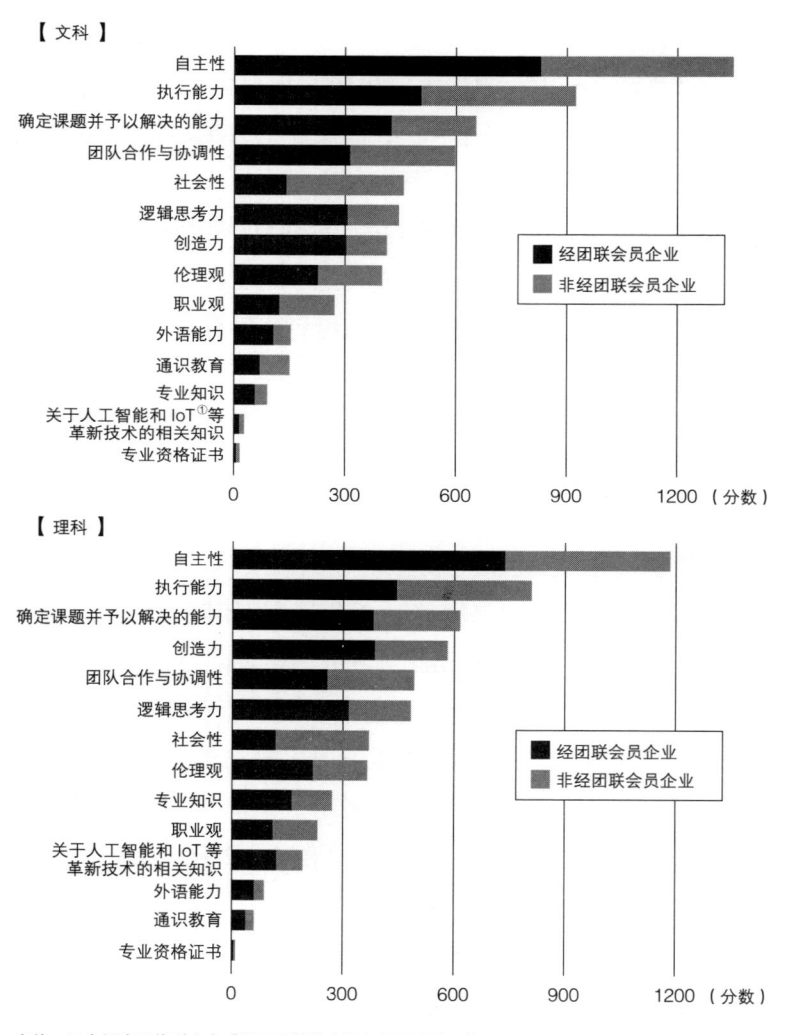

资质/能力	
自主性	
执行能力	
确定课题并予以解决的能力	
团队合作与协调性	
社会性	
逻辑思考力	
创造力	
伦理观	
职业观	
外语能力	
通识教育	
专业知识	
关于人工智能和 IoT① 等革新技术的相关知识	
专业资格证书	

■ 经团联会员企业
▨ 非经团联会员企业

0　　300　　600　　900　　1200　（分数）

【理科】

资质/能力	
自主性	
执行能力	
确定课题并予以解决的能力	
创造力	
团队合作与协调性	
逻辑思考力	
社会性	
伦理观	
专业知识	
职业观	
关于人工智能和 IoT 等革新技术的相关知识	
外语能力	
通识教育	
专业资格证书	

■ 经团联会员企业
▨ 非经团联会员企业

0　　300　　600　　900　　1200　（分数）

出处：日本经济团体联合会《关于高等教育的问卷调查结果》（2018 年）

图 5-4　企业最希望学生拥有的资质、能力、知识

---

① Internet of Things（物联网）的缩写，指通过互联网将物理设备连接起来，实现设备之间的数据交换和协同工作，广泛应用于智能家居、工业、医疗等领域。

解决的能力"。

个人认为,"确定课题"和"予以解决"是两种不同的能力,对此就不做深入探讨了,不过"自主性"和"执行能力"排在前两名还是为我们提供了重要的信息。如前所述,大学生们优先追求精神上的稳定,对"做想做的事"和"成就感"的憧憬急速下降,真是够讽刺的。对有好孩子综合征的年轻人来说,自主性是最烫手的山芋。

另外,"团队合作与协调性""社会性"属于人际交往能力的一部分,长久以来位居前列。结合其他类似的调查结果来看,"逻辑思考力"则属于缓慢减少的一项需求。

整体来看,正因为追求稳定的学生越来越多,那些愿意冒风险自主决策的学生才物以稀为贵。这也符合供需关系的大原则。

让人费解的是,这种差距并没有缩小的迹象。照理来说,供需差异会逐渐趋向平衡而减少——只要有明确的需求,供应方就会朝那个方向努力。然而无论是从数据还是笔者的实际感受来看,这一差距非但没有缩小,还在不断扩大。

其中的原因何在?为解答这个问题,我提出了五种假设:

① 企业虽强烈渴求拥有"自主性"和"执行能力"的学生,却没有提供明确的激励机制;
② 学生认为企业对自主性的要求其实是一种压榨,反而会避开这一类企业;
③ (与过去不同)近年来原生家庭的亲子关系良好,

父母希望子女稳定的意愿起了很大作用；

④ 从小到大都没特别想做的事的大学生，不知如何应对自主工作的要求；

⑤ 大学生没信心自主行动。

假设①所提的激励机制，指的是提供高报酬和按照个人意愿安排岗位，如果缺少了相应明确的机制，也不怪学生觉得发挥自主性只会吃亏或是被企业白白压榨。

事实上，企业嘴上喊着要自主性，其实只想找肯天真卖命的年轻人。一旦找到，他们就会利用胡萝卜加大棒的战术将年轻人团团包围，这种现象也很有意思，不过我们不在此处讨论。

然而，大部分学生都看破了企业的这份小心思，才会回避要求自主性的公司。这便是我所提的假设②。于是，所剩无几的"既愿意天真卖命又感谢企业给自己机会的学生"，就会成为各家争抢的香饽饽。

乍看之下角度完全不同的假设③（父母和孩子一起追求稳定）在当今社会也颇有说服力。本书一直在说明如今的大学生老实听话，他们当然也很在意父母的意见，就算心里不情愿，他们也绝不会置之不理。

假设④（没有想做的事）和假设⑤（没有自信）彼此之间是存在强烈联系的，我们在第七章尤其要对"没有自信"进行总结分析，在第十章则会探讨"没有想做的事"。

莫名恐惧从平辈到上下级的关系

将有好孩子综合征的年轻人对就业莫名的恐惧可视化之后，就形成图 5-5 的结果。

自打上小学起，他们身边就几乎都是同龄学生。虽然在兴趣班、游泳班和补习班之类的地方，有机会碰到高年级或低年级的孩子，不过同年级伙伴依然占据他们的人际关系中心。

这种状况会一直持续到大学毕业。我们已经反复提到，年轻人对平辈关系中的平等化越来越重视。为了尽可能待在多数派中，他们总是希望和更多同辈保持同步。

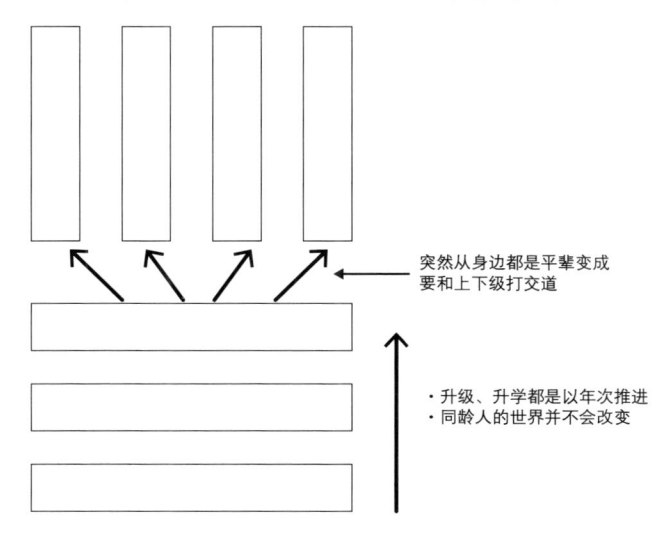

突然从身边都是平辈变成要和上下级打交道

- 升级、升学都是以年次推进
- 同龄人的世界并不会改变

图 5-5 从平辈到上下级

考大学的时候，他们长久以来更倾向于选择分数线不太低又有一定规模的学校。我们压根没迎来什么"重视个性的年代"。在规模庞大的学校里，和上万名同龄人抢同一条就业赛道似乎会让人很不安，可是在大部分大学生眼中，这种状况反而意味着稳定——因为他们属于多数派。

然而一旦踏上工作岗位，他们就不得不脱离以平辈关系为主的社会，被强行塞进上下级关系之中。在求职过程中，他们终于发现自己身上没有任何特征，毕竟他们长期被浸泡在保持同步和平均的压力容器里。所以，为了表现自己的特征，大家都会去**有名的就业网站上寻求帮助**。

另外，就算进入上下级社会，他们也希望有更多平辈关系。于是，公务员和大企业就成了最理想的落脚处。总之，只要是有很多同龄人、大家尽可能接受同样的培训，他们就会觉得安心（不过公务员的人气不会持续上涨，毕竟年轻人讨厌竞争，总会打退堂鼓的）。

被上司提问就去找同辈

经过可怕的求职阶段，年轻人终于昂首挺胸走进公司大门，当然，心态并没有产生任何变化。

他们一直生活在平辈关系中，上下级的世界对他们来说好像另一个世界；至于上司，就跟外星人差不多。

假如这时有上司对他们提问，会发生什么呢？

比如在几个同期进入公司的伙伴中，有一人被点名：

"你怎么看待现在的年轻人对社交媒体的使用？"

碰上这种情况，有好孩子综合征的年轻人会想办法找到正确答案。

根据统计,他们最常出现的反应是"僵住",就像在森林里遇到了灰熊。

他们并不是在拼命思考,而是在假装拼命思考,因为他们认为那就是正确的应对方式。只要僵住,对方就会有所动作,说不定还会主动给出答案,或者索性不再要求他们回答。无论如何,这样总能让他们化险为夷。

经过中学和大学的培养,他们早已对"僵住不动带来的好处"不陌生了,知道等对方耐不住性子才是正确答案。

其他常见的反应包括这三种:

① 笑着(或者刻意营造类似的气氛)回答;
② 反问对方;
③ 小声向旁边的同辈求助。

选择①的年轻人,虽然想不出好的答案,不过还是努力地面对问题,多少有点讨人喜欢。

②的反问,大部分只是重复问题,只能帮他们争取时间,在自卑和喜欢虚张声势的人群中占比较高。身为成熟的人,您不该为此大为光火,而要耐心对待。

最叫人不可思议的恐怕是③了,提问一方大概会对此目瞪口呆。

居然在这种时候去问身边的同辈,也太没有身为职场人士的自觉了,这是成年人该做的事吗?

身为一名大学老师,我也觉得大学生的精神年龄年年都在走低。尤其在这个例子中，问身边人的那位明显是缺乏对别人的尊重。

这种行为让人忍不住要发火："喂，我问的人是你！"

的确如此，可大多数上司不会这么说，正因为他们是理性的人，才能坐在那个位置上。因为他们会担心挨了训斥的新人明天不来上班（果然，大家都很成熟）。

总的来说，有好孩子综合征的年轻人面对上司和前辈提的问题，都会习惯性地思考怎么做才对，基本上就是向对方展现自己认真且恭敬的样子。

而在面对职场同辈之类的同龄人时，他们则能维持一种浅薄的关系。

另外，当被问及对晚辈有什么感觉时，他们的答案是"恐惧"（又是恐惧），原因不言自明——晚辈也算是一种外星人，和他们打交道纯属未知体验。

万一对方不理我怎么办？优秀得不得了怎么办？讨厌我怎么办？——这就是那些年轻人的想法。

由此可见，他们的世界是多么狭隘。

而且和年轻人沟通不畅有时候可不是闹着玩的。最严重也最常见的一种情况是，年轻人不知该怎么处理手头的工作，因而始终按兵不动，直到局面变得不可收拾。最近几年笔者也常听闻这种案例。

明明只要找上司或前辈请教就能解决，他们却总是犹犹豫豫，只能独自承担烦恼和压力。主要原因是，他们害怕被别人说连这点小事都不懂。

不找人帮忙、把烂摊子就这么撂着，难道他们不担心工作完不成吗？可是对有好孩子综合征的患者来说，被人批评连这点小事都不懂反而更可怕。

当然，碰到这种情况，他们还是会找同辈（主要是同期进入公司的人）商量。可对方也一样是初来乍到，不可能轻易解决难题。于是事情被一拖再拖，像定时炸弹一样继续倒计时。

误解了年轻人对工作与生活的平衡取舍

在本章的结尾，我们转换视角来聊一聊工作与生活的平衡吧。这听起来像是现代人的烦恼，不过不同年龄层和立场上的人，对此的理解是截然不同的。

当然，大家都想在工作与私人生活之间找到合适的平衡点。不过对有好孩子综合征的年轻人来说，所谓工作与生活的平衡往往指的是"不想比别人更努力地拼命工作"，或者"轻视那种努力"。

不久前，一份关于"最近的年轻人连课长都不想当"的统计数据被传得沸沸扬扬，可那种调查结果其实早已过时。

日本生产性本部[1]在《新人职员"工作意愿"调查》中问到受访对象："您最想升到什么职位？"与十年前相比，增加最显著的回答是"无所谓"。年轻人已经不是不想出人头地，而是对此感到无所谓了。

---

[1] 日本非营利性的经济组织，成立于1955年，致力于提高日本企业的生产效率和竞争力，还从事经营管理的研究和教育，促进国际经营管理技术的交流。

在这种趋势的影响下，很多人将当代年轻人工作意愿的减退归咎于"他们越来越重视工作与生活的平衡"。比如以下论调：

最近越来越多的年轻人说自己没有特别想做的事情。与此同时，他们工作的目的是充实私人时间、让私人生活过得有滋有味。所以他们在选择工作的时候会优先考虑与生活的平衡，简而言之，他们青睐薪水不低又能早早下班的公司。

又或者是以下论调：

如今的年轻人兴趣丰富多彩，也不再生活在"你有车那我也要有"的时代了，而是专注于自己热爱的事物。所以，他们决定工作节奏时也会优先确保给自己留下充裕的兴趣爱好时间，这也成了他们的职业观。收入尚可又稳定的公司最受欢迎，也是因为他们需要将时间花在兴趣爱好上。他们可以非常节俭，但在自己热爱的事物上也会一掷千金。

怎么样？以上的引用看似是专家观点，其实是我杜撰的。不过，各位是不是觉得似曾相识呢？
然而，这两种司空见惯的论调都包含着重大的误解。
第一点误解是他们认为年轻人工作意愿下降是因为想保留充足的私人时间。
其中的误解在于"如今的年轻人都在积极谋求工作与

生活的平衡"。那些比一般人更努力的人＝积极分子，重视工作与生活平衡的人＝其他人，是不是这样的印象呢？

不过请仔细想一想。在有好孩子综合征的患者看来，所谓**积极**谋求工作与生活的平衡，本身便是积极分子所为。"重视私人时间""想要让私人生活变得丰富多彩"都带有"我想"的主观能动性，正说明这类人属于积极分子，压根就不存在好孩子综合征的症状。"积极谋求工作与生活的平衡的人"只是成年人创造的幻影，"珍惜个人时间"在我看来是一种很积极的心态。

有好孩子综合征的年轻人则相反，是以"我不想"（没有主观能动性）为思考中心的，他们只想规避风险。

第二点误解在于对私人时间的理解。刚才我在自己创作的所谓引用内容中提到了"专家们"的意见：年轻人的兴趣丰富多彩。

实际上这种可能性很低。

在我看来，不惜为自己的爱好一掷千金的态度只属于极少数积极分子。工作点到为止、将其余时间投入兴趣爱好的人，在旁人眼中是闪闪发光的。

那么大多数年轻人是如何利用私人时间的呢？答案是玩游戏、看流媒体网站（油管、亚马逊 Prime、网飞）、刷社交媒体。在新冠疫情的影响下，政府要求市民减少外出，因此这种状况也愈演愈烈。

您可能会想："真的是这样吗？"很遗憾，的确是这样。我再说一遍，本书探讨的有好孩子综合征的年轻人并没有什么特别想做的事。说到底，有一个可以全身心投入的爱好，这样的人在工作上也自然而然会努力。因为他们的生活是有方向的，既不会显得阴沉，也不会精神不稳定。

会参加团建酒会

如今的年轻人都很在乎私人时间，对工作和出人头地兴趣寥寥。尽管如此，他们参加团建酒会的比例却开始触底反弹了（图5-6），这也让专业人士大惑不解。

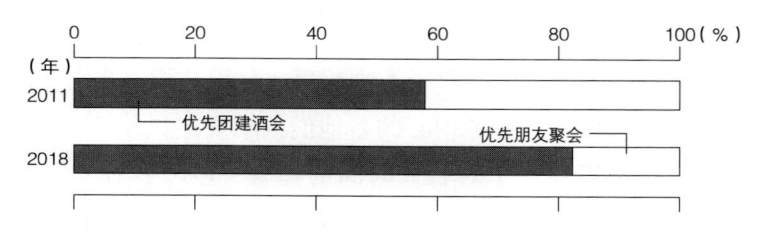

出处：日本生产性本部《春季新人员工意愿调查》（2018年）

图 5-6　参加团建酒会的比例

很多人可能会以为，如今的新人员工在被邀请参加团建酒会时还会要加班费呢。

可仔细想想就能明白，能用那种说辞拒绝参加团建酒会的年轻人，必定有着鲜明的个性和坚定的意志，不属于有好孩子综合征的年轻人。

他们有的只是在表面上配合周围人的高超的协作性，不然怎么能叫别人看出他们是"好孩子"呢？而且现在的团建酒会和以往不一样，是可以不碰酒精的，年轻人不会被逼着一口闷或者到处给人斟酒，不用提前记住上司的地址再不失时机地为他们打车，只要配合着周围人把饭吃完就能打道回府。

　　图5-6的结果并非意味着年轻人越来越重视职场关系，而是说明他们没有坚持拒绝的意志力，而且在如今的聚餐上，他们反倒成了被招待的客人。

第六章

有人来求，就会去做

对贡献社会的扭曲向往

年轻人的四大职业观

本章将改变策略,提前说出结论。

笔者将有好孩子综合征的年轻人的职业观总结如下:

- 总的来说,就是非常在意别人的目光,也不想竞争,但希望发挥自己的能力;
- 薪水不太低、不加班,可以凭自己的能力贡献社会;
- 自己不会主动行动,却想在发挥个性的工作中得到别人的感激;
- 要为社会做贡献,却不帮助陌生人,只做那些会得到感谢的事。

我们来看一组有趣的数据。日本生产性本部每年都会以新人员工为对象进行调查,这份问卷非常耐人寻味,也常常被我引用(图 6-1)。

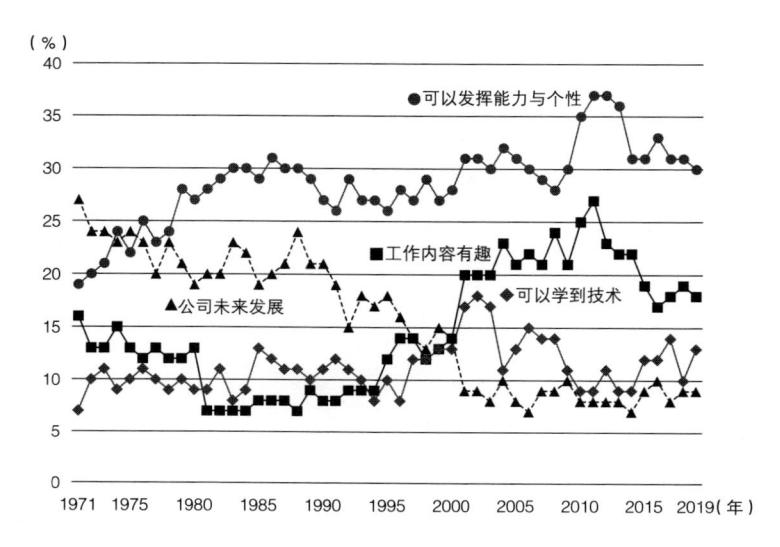

出处：日本生产性本部《新人员工"工作意愿"调查结果》（2019 年）

图 6-1　选公司的时候最看重的条件

根据调查结果，面对"在选公司的时候，你最看重的条件是什么"这一问题时，回答"可以发挥能力与个性"的约占 30%（2019 年），位居第一。与之相反，"公司未来发展"则在逐年减少。这是否表示年轻人不再愿意依附公司生存，而是希望发挥自己的能力和个性呢？

我们在第五章说过，如今的年轻人基本上很少对升迁表现出兴趣。很多人"不想晋升"或者觉得"无所谓"，尤其是女性群体，这两种选项加起来比例占了整体的三分之一。（看起来）相较于出人头地、成为团队领导，年轻人更喜欢在工作岗位上发挥自己的能力和个性。

另外，同样在日本生产性本部的调查中被问及"是否想在工作中比别人更努力"时,年轻人回答"跟别人一样就好"的,占压倒性的多数,是"想比别人更努力"的两倍以上。

综上所述,年轻人希望能在工作中发挥能力和个性,却又不想成为领导或者专业领域人才。当然,工作量和别人差不多就好。

恍然大悟了。

新人员工的工作目的和贡献社会的意愿

接下来请看图6-2,这同样是来自日本生产性本部针对新人员工的调查结果,问卷内容是:"你想通过工作过上怎样的生活?(选出最符合自己观点的工作目的)"

出处:日本生产性本部《新人员工"工作意愿"调查结果》(2019年)

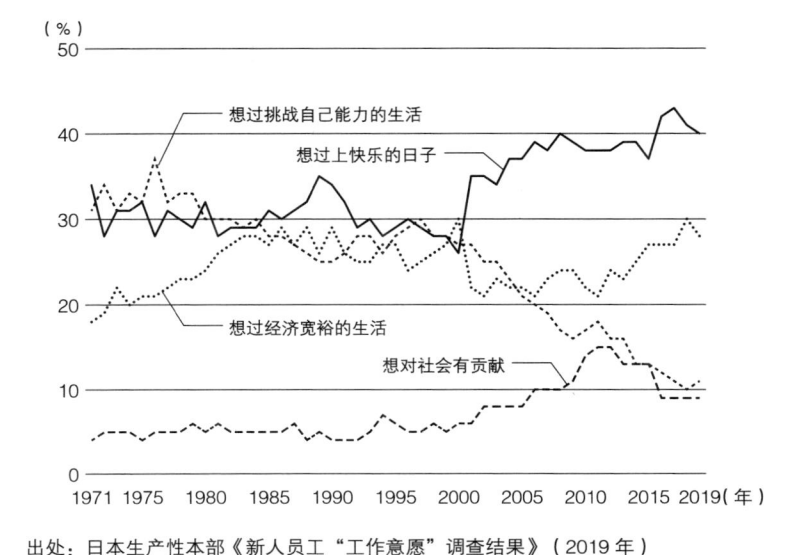

图6-2 想通过工作过上怎样的生活

这份调查最吸引人的地方在于，它是一份长期问卷，可以从中看出时代浪潮的变化。这里展示的也是从 20 世纪 70 年代至今的结果。

在 20 世纪 70 年代，位列前两名的是"想过挑战自己能力的生活"和"想过上快乐的日子"，"想过经济宽裕的生活"紧随其后。进入 20 世纪 80 年代后，"想过经济宽裕的生活"追上了前两位，使三强时代保持了近 20 年。"想过上快乐的日子"在中途也曾凌驾于另外两个选项之上，但是总的大趋势没变。

进入 21 世纪以后，情况发生了显著变化。具体来说，"想过上快乐的日子"一跃而上且遥遥领先。相反，长期以来与之竞争激烈的"想过挑战自己能力的生活"和"想过经济宽裕的生活"同时掉队了。

到 2010 年后，"想过经济宽裕的生活"卷土重来并保持上升趋势，"想过挑战自己能力的生活"则一路下滑。

除此以外，前面刻意没有提及的"想对社会有贡献"，在 20 世纪 90 年代及之前一路装死，却从 2000 年起缓慢上扬，近年来稍微出现向下的趋势。

接下来笔者想再深入探讨一下"想对社会有贡献"，原因如下：① 在其他的调查中，年轻人对贡献社会的高关注度也可见一斑；② 招聘活动的现场频繁出现"贡献社会"一词；③ 年轻人对"社会"和"贡献"的理解一直在急剧变化。尤其是②，相信身为招聘面试官的读者也已经感觉到了。

问题是，年轻人眼中的贡献社会究竟指的是什么？

对有好孩子综合征的年轻人来说，什么是贡献社会？

这里笔者也先说结论吧。

就是在别人搭建好的"贡献社会的舞台"上做出贡献。别人会承担一切责任，替他们调整好工作环境，做出决定，在这样万事俱备的基础上，他们可以尽情自我发挥——这就是他们所谓的贡献社会。

不仅如此，事情办完之后还得有人对他们说："有你在真是太好了，谢谢你一直帮忙。"这就是他们眼中的贡献社会。

反过来说，他们绝不会主动发起或者决定任何事情。毕竟那些都是积极的"那类人"才会做的事，绝不是"属于他们的社会贡献"。

…………

读到这儿，您是不是哑口无言了？

本章的任务是极尽嘲讽之能事、让读者对当代年轻人的工作心态露出会心一笑，所以请不要僵住，还是笑吧。

不过笔者也会为那些笑不出来的读者再做一些认真的解说。尤其是，年轻人对社会贡献的概念是如何发展到今天这一步的。

事实上，接下来要展示的、基于笔者个人的研究结果，表明了日本年轻人的"贡献社会的意愿"相比外国人显然高出不少。

从学术角度解释其中的原因还要花些时间，不过总结至今为止的观点和数据,提出假说还是有可能的。

我的假说是"贡献社会 = 得到周围人认可的途径"。

现在的年轻人羞于当众努力,也不喜欢竞争,得到认可的机会也就变得屈指可数。尤其是在现实社会中,一个没有自信的人明明做了一件好事,还是会担心周围人的眼光。

然而生而为人,心里总有得到认可的需求。因此年轻人才会那么在乎社交媒体上的点赞数字,但能以此就满足"被他人认可"需求的,毕竟只是少数网红。

那么他们要从哪里满足(这种天真的)认可需求呢?

答案是贡献社会。

贡献社会这个词给现在的有好孩子综合征的年轻人留下了良好的印象,因为其中包含七大条件:

① 不像"财富自由"等概念,不会给人狼性的印象;
② 不存在竞争;
③ 不会被评头论足、不存在孰优孰劣;
④ 匿名性强,不会被迫公开个人信息;
⑤ 比较轻松,不用"拼命干";
⑥ 会无条件得到众人的感谢;
⑦ 绝对不会挨批评。

让人震惊的强烈自卑

图6-3是笔者不断询问大学生后积少成多的统计结果。

我会就图表中的十个项目向受访者提问："觉得自己和别人比能得几分？"选项从"非常差（-5分）"到"非常强（5分）"，共有十种。图6-3中，笔者将平均回答"感觉自己不如别人"的项目条往左侧列，而回答"感觉自己强过别人"的项目条往右侧列。

（样本数=99，2015—2019年）

能体会别人的心情
会体谅人
经常被人询问建议
理解力强
忍耐力强
擅长人际交往
富于创造力
经历丰富
喜爱竞争激烈的环境
有领导力

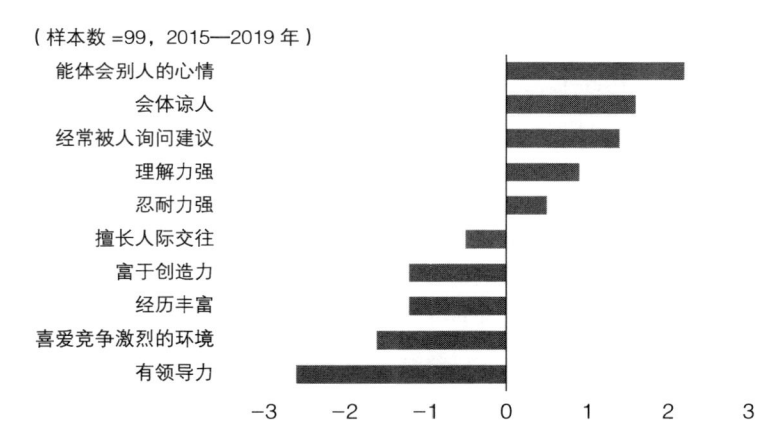

−3　　−2　　−1　　0　　1　　2　　3

图6-3　大学生对"觉得自己和别人比能得几分？"这一问题的回答结果

结论是，大学生觉得自己强过别人的地方主要有"能体会别人的心情""会体谅人""经常被人询问建议"。我个人倒不觉得如今的大学生有那么善解人意、慈悲为怀，不过这毕竟只是他们与别人进行比较之后的自我感觉。

另外，他们对"有领导力"的自我评价极低。长期以来舆论都在大力叫嚣日本人缺少领导能力，如果年轻人的自我评价确实可靠，这个国家未来仍然会深受相同问题的困扰。

倒数第二的"竞争"在本书中已被反复提及，此处不再赘述。

我们从结果中也能看出，很多大学生认为自己的经历并不比别人丰富。他们总说"身边人都做过好多事，我却什么都没做"，听到我耳朵都磨出茧子了。

"那你可以选一件事好好干一番，为什么不行动呢？"

"就是不知道自己想做什么……"

老师与学生总要进行这番老生常谈的对话，这还没完……

"现在开始也不算晚啊，找点事做吧？"

"没信心啊。"

不行，千万不能觉得他们矫情（这话是自我提醒）。身为提问的一方，批评回答者的答案是最要不得的（但我也的确经常看到别人如此对待学生）。

他们想积累各种各样的经历，却害怕过程而踏不出第一步。我们必须体谅他们这种心情。

明明缺乏自信，却想为社会做贡献

通常来说，人们不会说自己"想做"那些明明做不到的事，而会改口说"我本来想""其实我是想做的"。

此处讨论的贡献社会也是一样，如果一个人觉得自己做不到，应该不会把"想对社会做贡献"挂在嘴边。

这么看来，现在的年轻人（在一定程度上）有信心对社会做出贡献。

"等一等，尽管程度不同，可是给社会做贡献绝不是一件简单的事啊。"

早已身处社会的各位读者可能想这么说,不过还请忍耐,我们得继续推进。

请再看图 6-3 评价较高的项目,我们可以发现,当代年轻人觉得自己总体上是善解人意的,所以也常常会被人询问建议。

有些人可能会觉得这是一件好事,也有些人会觉得他们只不过是自我感觉良好。事实上我也听说过,世上有超过九成的人都觉得自己比大部分人更善良体贴。

相反,向年轻人提出"和对手正面对抗,取得胜利""不顾周围人的眼光,追求梦想""说出自己真正的理想"之类的要求,多半也会落空。因为他们觉得自己做不到,或者不符合自己的脾性。

以下结论仍然没有跳出假说的范围:如今的年轻人似乎总体上对那些可以被量化的、来自他人的评价缺少信心。相反,他们对那些不能被拿来和人比较、完全依靠主观评判的项目,(不知为何)倒是有一定的自信心。而对社会做贡献正好没有量化标准,也不会被判定优劣。

不愿献血,却想为社会做贡献

我们再稍微聊一聊关于贡献社会的话题。

在对贡献社会做相关调查的过程中,我发现了耐人寻味的数据,特此引用。在坂口孝则所著的《想赚钱就别钻牛角尖——跳出常识、对日本的真相一窥究竟的技能》(幻冬舍,

2020）一书中有两份数据，分别是关于志愿活动和献血的。

第一份数据引用自 Recruit Works 研究所[①]的《丰富个人阅历的企业对社会做贡献的活动》，显示出虽然当代人总体上都想为社会做贡献，可实际上真正当志愿者的人数只比往年略微增加。

在此基础上，我查阅了数据来源——日本总务省统计局[②]的《社会生活基本调查》中提到的志愿者比例。当然，根据灾难发生的数量和规模，这个数字是会变动的，不过它的确没有长期增长的迹象。也就是说，受访人员虽然想

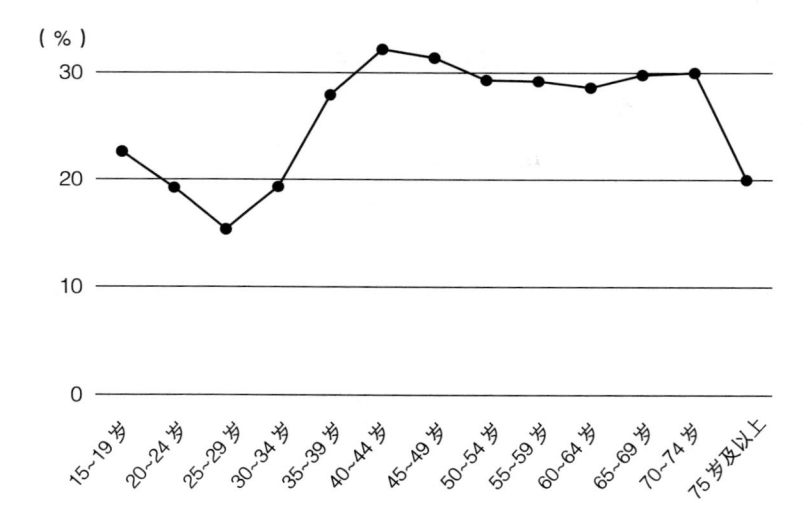

出处：日本总务省统计局《社会生活基本调查》（2017年）

图 6-4　按年龄层划分的志愿者比例

---

① 日本一家专注于劳动市场、职业发展和人力资源管理研究的机构。
② 日本中央省厅之一的总务省下属的部门，负责全国的统计工作。总务省统计局在官方统计系统中发挥着核心作用，负责收集、分析和发布关于日本社会、经济和人口等方面的基本官方统计数据。

为社会做贡献,却没有参加志愿活动的念头。

更引人注目的是同样来自《社会生活基本调查》的按年龄层划分的志愿者比例(如图6-4)。

其中占比最高的是四十多岁的人群,二十多岁的人群参加比例显然不高,令人惊讶的是居然还不如七十五岁及以上的人群。十多岁的人群因为有不少机会和父母一同参加,或是由学校举办的活动,很难说都是凭本人意愿当志愿者的。

这个结果的确匪夷所思,想为社会做贡献的话,明明去做志愿者是最适合的,但二十多岁的年轻人却比七十五岁及以上的爷爷奶奶的参与度都要低,这是怎么回事呢?

第二份数据则更加耐人寻味。提到为社会做贡献,我们往往会想到献血。(这不仅是因为)年轻人身体恢复得快,献血也是救人性命的大事。

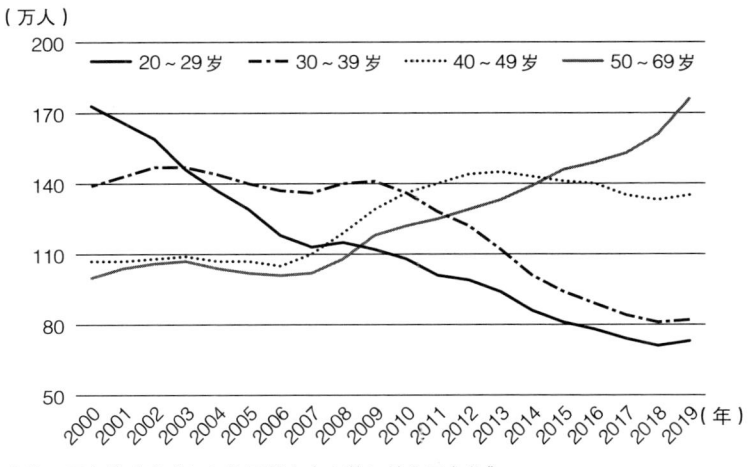

出处:厚生劳动省《各年龄层献血者人数与献血量变化》

图6-5 按年龄层划分的献血者数量历年变化

第六章 有人来求,就会去做　119

于是我分析了日本厚生劳动省①的《各年龄层献血者人数与献血量变化》，因为这组数据太有意思了，我就多花些篇幅，将它画成了两张图。图 6-5 是从时间维度展示各年龄层献血者人数的变化。

单看这张图表，我们发现在 2000 年前后二十多岁的人群占压倒性多数，其次是三十多岁的人群。然而从 2010 年起，四十多岁的人献血比例就反超了四十岁以下的年轻人，现在是五十岁以上人群排名第一，而且涨势未消。才过了不到二十年，数据竟然发生了如此惊人的变化。

不过我们也要考虑到不同年龄层人口总数的变化趋势，二十多岁的献血者人数减少是否只是因为二十岁龄的人口总数减少了呢？

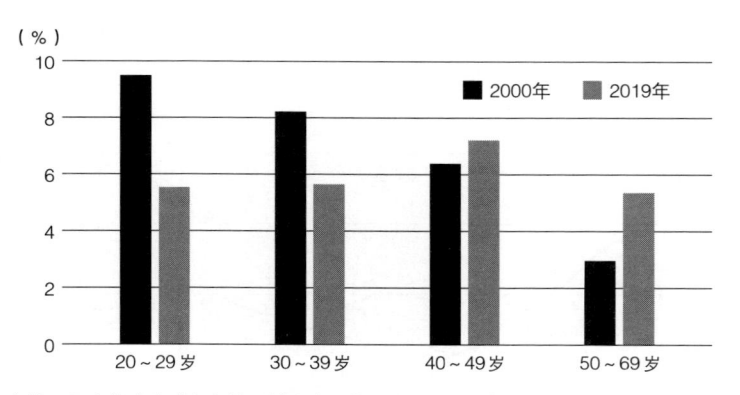

出处：厚生劳动省《各年龄层献血者人数与献血量变化》

**图 6-6　各年龄层献血者在同龄人口中所占比例的比较
（2000 年对比 2019 年）**

---

① 日本中央省厅之一，主要负责日本的国民健康、医疗卫生、社会保险保障、药品食品安全监督、就业以及劳动生产安全保障、弱势群体社会救助等。

所以在图 6-6 中，我列出了献血者人数在同龄人口中的比例。为了方便对照，此处仅列出 2000 年和 2019 年的数据。

果然，就算考虑到同龄人口数量，2000 年前后的年轻人献血比例也是相当高的。很明显，二十年前的献血者中年轻人占比相当高。

到了 2019 年，献血主力军变成了四十多岁的中年人，而二十多岁的献血者比例和五十多岁的比例差不多。

还有一点遗憾的信息要补充——相比 2000 年，如今的献血站非常容易找到，环境也比从前友好得多。通过智能手机我们可以查阅献血站的运营时间和排队情况，操作熟练的专业人员也会按次序高效地替我们服务，还提供舒适的休息环境和丰富的饮料供应（上次献血他们还送我冰激凌）。

根据以上结果，之前提到的学者坂口总结道：日本人越来越倾向于参与能够立即明确"支援者"与"被支援者"之间关系的志愿活动。始终以自我为中心，重视自己的成就感，追求那种显而易见的关系性。

我完全赞同，而且从数据来看，这一评价尤其与年轻人的现状相吻合。

迄今为止，本书描绘了不愿出风头、朋辈间的平等意识强烈、难以自己做决定、总担心不合群的年轻人形象。与这一切并存的，或者说是这一切的本质特征，也许还包括缺乏自信、讨厌被评价，尤其恐惧"被评价"这件事本身。

我要不厌其烦说明的是，对有着这种气质的年轻人来说，贡献社会是最合意不过的概念了。毕竟是别人有求于他们,他们本身不会被人评头论足,也无须自行做什么决定。集体行动也有意义,最后还会得到感谢。

尤其重要的是,为社会做贡献绝不属于"自己想干才去干的事",所以自主参加的志愿者活动对他们来说就不算贡献社会,献血也不太像。

"只要别人直接来求我帮忙,我就会去做。"

这是我在和学生交流的过程中反复听到他们说的。

因为他们知道,只要别人有求于自己,自己就会答应帮忙,所以他们觉得自己比别人善良,尽管这和真正的善良相去甚远。

第七章

因为我没那种能力

彻头彻尾缺乏自信的年轻人

明显欠缺对自我和自身能力的肯定

简单回顾之前的六个章节,我们从"就是不想当出头鸟的年轻人心理"开始(第一章),探讨了他们理想中的"终极平均分配主义"(第二章)、"极度讨厌主动提议或自主决定"(第三章)、"总是在担心自己与众不同"(第四章),又对他们如今的求职现状做了略微的观察(第五章),再从发挥个性与能力的对社会做贡献的角度聊了聊年轻人的工作观(第六章)。

只不过,针对他们的言行以及给人上述印象的原因,笔者在各处有所谈及,却还没有花费篇幅进行详细解释。

他们为什么想泯然众人?

他们为什么无法自主决定?

他们为什么在人际关系上谨小慎微?

他们为什么最看重精神层面相对稳定的工作和职场?

其实,这一切很可能都来自同一种心理因素。

即"缺乏自信"。

先来看一份简单的问卷调查结果吧。

图 7-1 展示了笔者在各种机会下与大学生交流后，积少成多得来的数据。

在尽量不做说明的前提下，我让他们对自己的 9 个属性（学习力、体力、善良体贴、忍耐力、持续力、积极性、自立性、社交能力、自我肯定）以满分 10 分为标准做出评价。

这种以 10 分为标准的评价方式，灵感来自我在美国留学时因腹痛去就医过程中被医生问到的一个问题："如果以 10 分为最高标准，你觉得自己现在的疼痛程度是几分？"我觉得这种问法很有趣（自己实际试过以后发现的确如此）。最令人感兴趣的点在于，无论受访学生表面状况如何，问卷结果都几乎不受影响。也就是说，调查数据可以在相当程度上反映学生的真实心思。

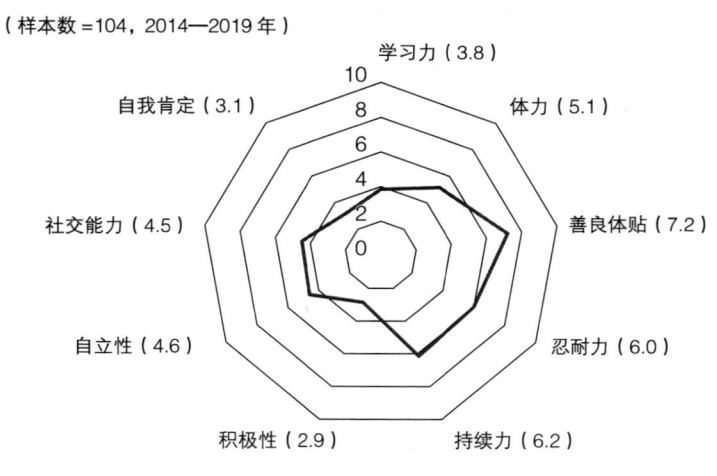

（样本数 =104，2014—2019 年）

学习力（3.8）
体力（5.1）
善良体贴（7.2）
忍耐力（6.0）
持续力（6.2）
积极性（2.9）
自立性（4.6）
社交能力（4.5）
自我肯定（3.1）

图 7-1　大学生自我评价平均值

就拿学习力来说吧，日本各所大学的录取难易度是广为人知的，所以学生应该清楚自己参加入学考试时的学习能力。进入大学以后，他们也只需要看自己的当前成绩（如今大学采用平均学分绩点[①]为评价指标），自己在哪个程度就心知肚明了。

尽管如此，他们对学习力的自我评价却很少受到所在大学和本人成绩的影响。如您所见，此项的得分并不高。

比"学习力"分数更低的是"积极性"和"自我肯定"这两项。

平均分低于5分的还有"自立性"和"社交能力"。

相对地，他们对自我评价最高的是"善良体贴"，其次则是"持续力"和"忍耐力"。

总结一下，平均来说，如今的大学生的自我评价是：

- 心地善良，对他人体贴；
- 比较有韧性、能忍耐；
- 头脑好不好和是否擅长社交不好说；
- 几乎不会主动做事；
- 极度缺乏自信。

笔者还对大学生和研究生进行过一次问卷调查，内容为"是什么让你在挑战某个目标时产生犹豫"。（图7-2）结果排名第一的是"凭自己的能力办不到"。与之略微有

[①] 即GPA，Grade Point Average的缩写，是一种用于衡量学生学术表现的标准化分数。

第七章　因为我没那种能力

关的"害怕失败"也能排到第三，如今的年轻人有多么缺乏自信在这份调查中也可见一斑。

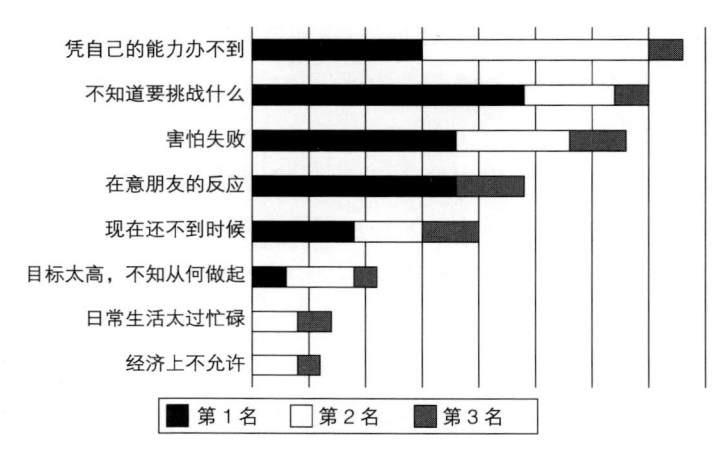

凭自己的能力办不到
不知道要挑战什么
害怕失败
在意朋友的反应
现在还不到时候
目标太高，不知从何做起
日常生活太过忙碌
经济上不允许

■ 第1名　□ 第2名　▓ 第3名

注：在八种选项中选择三种并排序

图 7-2　阻碍大学生和研究生发扬挑战精神的因素

除此以外，排名第四的是"在意朋友的反应"，由此导致他们怯于挑战新事物，这一点也反映出有好孩子综合征的年轻人是何面貌。

日本人在创业精神方面的缺失

您听说过"创业精神（entrepreneurship）"这个词吗？在日本人心目中，这一般指的是能够自主创业的气质。

不过近来这个名词也并不只被用在创业者身上，只要对新商品、新业务有较高的追求，也愿意积极对抗风险的人，都可以说拥有这种精神。所以无论是在企业、中央或地方政府，还是大学，创业精神都占据一席之地，而且广受追捧。

这种进取精神常被视为推动现代世界经济的主要力量，所以世界各国都为培养创业精神制定了各种政策。尤其在日本这种国民缺少挑战意愿的国家，培养创业精神是绝对不可或缺的。于是迄今为止，在资金、法律、政府支持等方面，人们都围绕着创业精神进行结构和制度调整，并且以极快的速度推动着它们的进步。

即便如此，与世界主要国家相比，日本人的创业精神仍然相形见绌。比如旨在比较世界各国和地区创业精神等级的国际调查全球创业观察（GEM，Global Entrepreneurship Monitor）[1]报告指出，日本的创业意愿率（Entrepreneurship Intentions Rate）[2]为4.98%（2018年），这个数字与世界平均水平（23.68%）或亚洲平均水平（25.90%）相比，都低得叫人难以置信。

自2000年起，大学里也为此开设了各类课程，投入了巨大的努力。

可为什么日本人的创业精神就是低迷不振呢？

笔者认为，相较于制度和结构等外部环境问题，日本的（未来）企业家们的内在气质才是问题的关键，并以此进行了研究。

各位或许忘记了，笔者姑且也算是一名研究人员。所

---

[1] 始于1999年，是一个致力于监测和分析全球创业活动的研究项目，研究数据成为世界银行、经合组织、世界经济论坛等主要国际组织和机构关于创业的重要数据来源。

[2] 用于评估特定群体（如18~64岁的在职成年人）中计划在未来一段时间（如三年）内启动新企业的人数比例。创业意愿更多的是一个心理学意义上的变量，代表的是一种采取创业行动的倾向。

以接下来笔者将根据自己的几项学术研究结果，来看一看日本的年轻人在世界标准下有多么缺乏挑战精神，以及其中的根源——他们有多么缺乏自信。

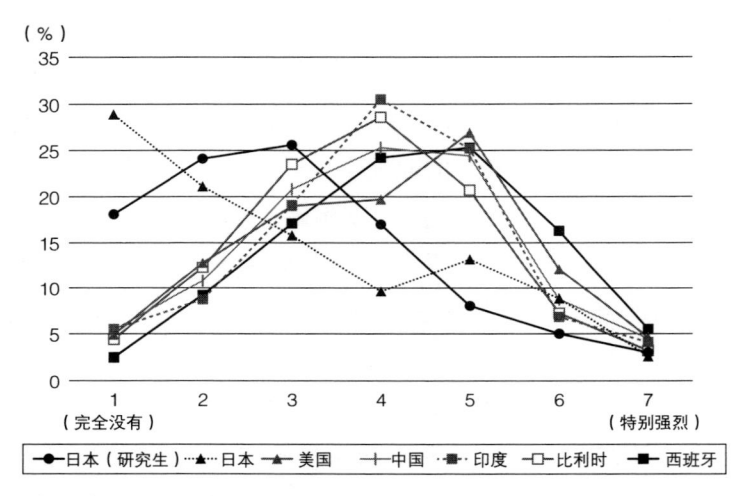

图7-3 学生的创业精神强度

出处：金间（Kanama），2020年

首先展示的是创业精神强度的简单国际对比。图7-3将大学本科生和研究生的创业意愿分为七个等级，只有日本的结果中包含研究生的数据，其余国家都只有大学本科生的数据。

显而易见，除日本以外的五个国家，结果都相当接近，大多定格于3到5之间。与此相对，日本学生的创业意愿明显偏低，尤其是大学本科生。

缺乏三兄弟

那么全世界的年轻人愿意为什么样的原因去承担风险并进行挑战呢？图 7-4 就横向列出了他们的动机，并将之划分为五个等级进行评分。

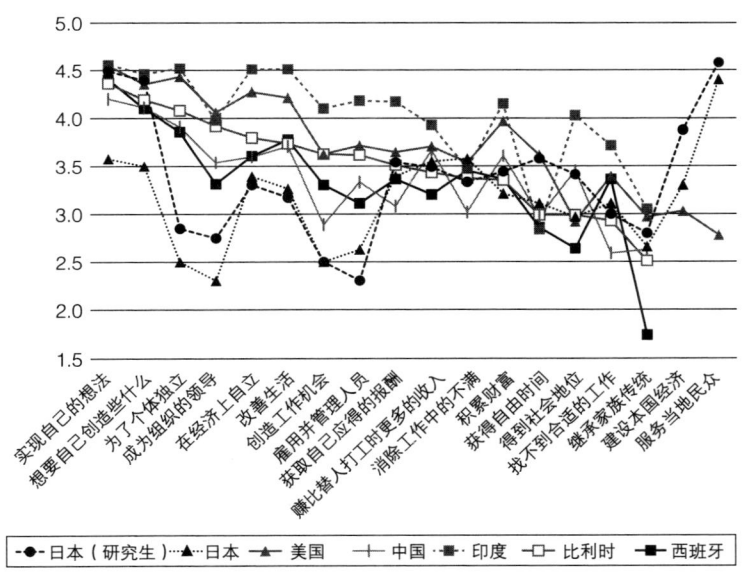

出处：金间（Kanama），2020 年

图 7-4　让学生发挥创业精神的主要动机

日本以外的五个国家虽然在一部分选项上有一定的偏差，但总体上都呈现类似的倾向。在此基础上，我们的关注点有两个：

首先，与其他国家相比，日本在"为了个体独立""成为组织的领导""创造工作机会""雇用并管理人员"这

第七章　因为我没那种能力　　131

四个选项的指数上明显偏低。这几项的共同点都是需要发挥领导力、保持独立自我的精神，这也正是日本人所欠缺的。

其次，图表最右侧的两个选项——"建设本国经济""服务当地民众"是笔者添加的。在美国大学的帮助下，我仅对日美两国针对这两项进行了比较。之所以加上这两项，是因为我预计日本的得分会比较高。

结果不出所料（让我有种正中目标的感觉），日本尤其在"服务当地民众"这一项上有很高的得分，关于原因我们在前面已经探讨过了。

接下来的图7-5，很可能是一份最重要，也是笔者最想强调的数据。这份调查将阻挠学生发挥挑战精神的因素进行了数字化，数字越大代表该选项对学生的阻碍力越强。

此处我只想强调一点——对日本学生（特别是研究生）来说，有三项最大的障碍，分别是"缺乏创业者的能力""缺乏对业务的理解"和"缺乏经营经验"。

上述三项日本的得分都高于其他几国，更令人感到讽刺的是，日本研究生的得分还要高于日本大学本科生。

我将这三项称为日本大学本科生和研究生的"缺乏三兄弟"。虽说是缺乏，却并非指资金、点子和支持，因为在这些方面他们的得分与其他国家相差不大。

日本大学生最感到匮乏的点是自身能力、业务知识和相关经验，也就是说全部集中在他们个人身上。

从统计学角度看，日本大学生绝不比他国显得不学无术，甚至在高中毕业前，他们的学习更为努力。也就是说，"缺乏能力""缺乏知识""缺乏经验"这三兄弟并非立

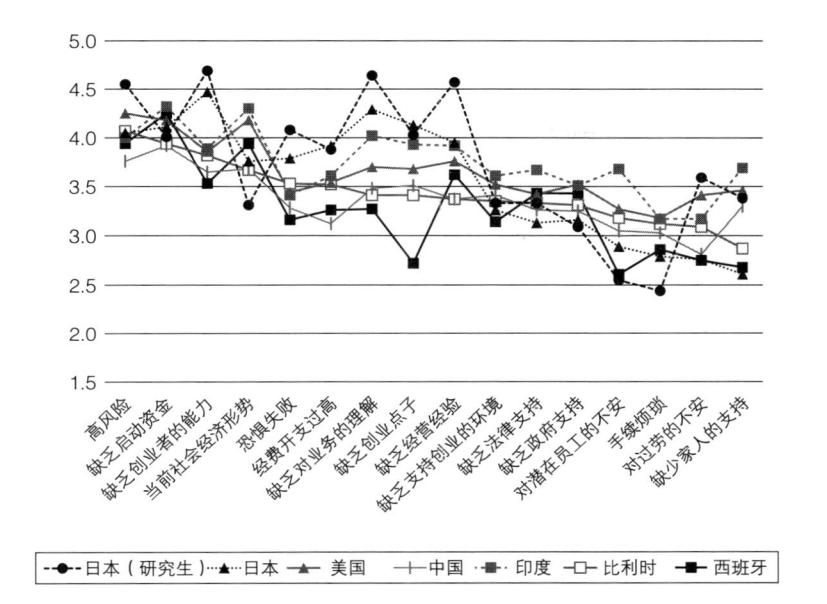

[图表：阻碍学生发挥创业精神的因素，横轴包括：高风险、缺乏启动资金、缺乏创业者的能力、当前社会经济形势、恐惧失败、经费开支过高、缺乏对业务的理解、缺乏创业点子、缺乏经营经验、缺乏支持创业的环境、缺乏法律支持、缺乏政府支持、对潜在员工的不安、手续烦琐、对过劳的不安、缺少家人的支持；图例：日本（研究生）、日本、美国、中国、印度、比利时、西班牙]

出处：金间（Kanama），2020 年

图 7-5　阻碍学生发挥创业精神的因素

足于某种事实和客观数据，归根结底只是年轻人的主观认知。而且通常来说，研究生在能力、知识和经验各方面是不可能不如大学本科生的。

越准备越患得患失的日本人

对刚才曾一度登场的 GEM 报告进行分析的研究者们得出了一份非常有趣的报告，我们来看一看。

再介绍一下，GEM 是始于 1999 年的国际调查项目，目的是统一测量全球主要国家和地区的创业精神。现在已经有超过七十个国家和地区以各种形式参与其中，也包括

第七章　因为我没那种能力　133

日本。其中的日本研究者Honjo（2015）、高桥等人（2013）和铃木（2013）都给出了非常耐人寻味的分析结果，不过这些分析的对象并不只包括年轻人，这一点还请各位注意。

他们的研究运用了早期创业活动（TEA，Total early-stage Entrepreneurial Activity）指数[①]，为了便于理解，我在本书中将它称为创业精神等级。有关这一数值在世界范围内的比较结果请看图7-6，其中日本的惨状是一目了然的。

不过有意思的还在后面。他们在研究中将日本的四大指数（①人脉；②新创业机会信息来源；③对知识、能力、经验的自我认知；④失败的威胁）和主要的七大发达国家进行了比较，并提供了结果。

其中前三项指数和TEA指数呈正相关，包括日本在内的所有发达国家在这方面都是一样的。这意味着，①、②、③指数越高的人，创业精神等级也越高。

据此，高桥等人（2013）对日本的特征进行了如下分析：

• 在①、②、③选项中均回答"没有"的比例要高过其他国家，而且他们的创业精神等级也低于其他国家的回答者；

• 在①、②、③选项中均回答"有"的受访者，其创业精神等级与其他国家受访者相当，或稍微高出一些。

[①] GEM的一项重要指标，用以衡量一个国家或地区在成年人口中（通常是18~64岁）参与早期创业活动的比例。TEA指数包括了那些正在积极筹备新企业的人（如在产品开发或市场研究阶段）和那些已经拥有新企业但尚未完全运营的人，是评估创业生态系统的重要参数。

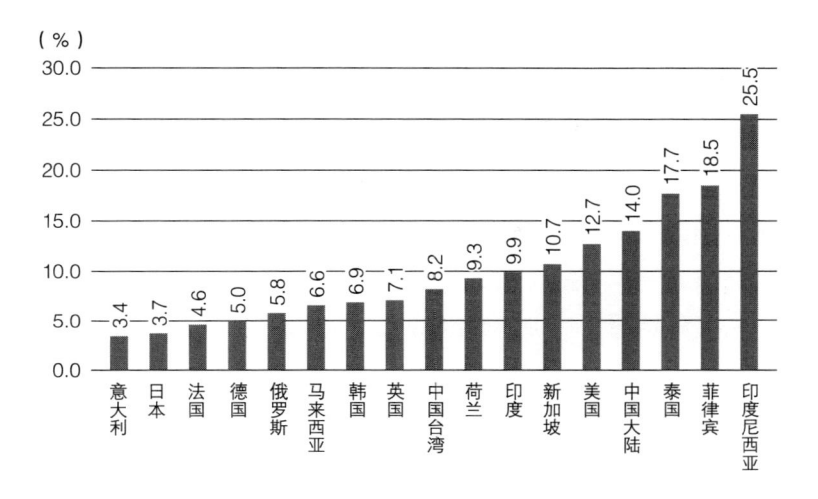

出处：Global Entrepreneurship Monitor: GEM 2017/2018 Global Report（2018）

图 7-6　世界各国及地区创业精神等级

也就是说，日本的创业精神等级整体低下，是因为很多人没有人脉和新创业机会信息来源，以及自认为缺乏知识、能力和经验，是这些因素拉低了平均值。相反，在这些方面给出正面回答的人与其他发达国家相比，在创业精神等级上毫不逊色。

还有一项是日本独有的有趣结果。

在世界范围内看，④失败的威胁明显和创业精神等级呈负相关，说明恐惧失败的人难以成为创业者。这一结果既符合直觉，也没有国际差异。

令人耐人寻味的发现在于，③对知识、能力、经验的自我认知和④失败的威胁之间的关系。

一般来说，知道自己"拥有创业所需的知识、能力和经验"会减少对失败的恐惧，正应了那句成语——有备无患。事实上，许多国家的人也都呈现出这一倾向，看来这是一句普世格言。

然而，"**越认为自己拥有**知识、能力和经验的人，就越害怕失败"偏偏成了日本人的显著特征；相反，越认为自己缺乏知识和能力的人，反而有不害怕失败的倾向。

客观地看，唯独日本人对那句格言不买账，实在叫人匪夷所思。换言之，日本人倾向于"越准备越患得患失"，那准备还有什么意义啊？

第八章

一味等待
指示

年轻人的学历社会倾向与
走关系倾向

等待指示的年轻人们

我们在第三章介绍了在没有参考事例的前提下，年轻人们即便面对福山雅治和大泉洋也无动于衷，不过只要有了明确的指示，他们的表现就截然不同。

假设身为上司的您对他们说："抱歉要得有点急，能否用幻灯片简单整理一下关于如今年轻人使用社交媒体频率的内容？详情就参考这份报告。"

"详情就参考这份报告"这句话是关键。这么说或许听起来有点怪，不过有好孩子综合征的患者对指示表现出的热情普遍都很高，简直可以说是"如鱼得示"（校对老师，如觉得此处无聊请删去）。

有了指示，他们会立刻应承并付诸行动。

幻灯片做得好不好既看个人水平，也要看他们写毕业论文时经历过怎样的考验，但是他们的态度总是积极的。

这时，他们体内会启动一个指令——贡献欲（这是笔者自创的词）。那是一种因为没有自信和自我肯定而衍生出来的极度渴望得到认可的欲望。在上司看来，自己只不过提出了一个可以拜托任何人完成的请求，然而很多年轻人却觉得自己被授予责任，可以做出贡献了。

所以在和年轻人的接触中，如何正确地给予指示是非常重要的，原则上说指示内容越具体越好。

本来身为一名上司，总想在指示中尽量留下自由空间，让部下有更多余地自主思考。然而，得到的指示内容越暧昧不清，年轻人的积极性就下降得越厉害，以至于他们的反应也会迅速变得冷淡。

笔者将此种现象称为"下达指示的矛盾"。

接下来介绍一组有些久远却有趣的数据——由Recruit Works研究所于2014年实施调查、2017年发表结果的《年轻职员实情调查2014》。他们从655名首都圈大学学历以上的公司职员那里得到结果，又在其中单独列出三十到四十多岁管理层（325人）的数据，笔者对此颇有想法。很多人觉得管理层的年龄大多在五十到六十多岁，而三十到四十多岁的那批人本身在日本还算年轻一代。

这份调查的目的是获得对"受访者公司中二十多岁大学毕业正式员工（245人）"的评价，总共有29道问题，我在图8-1中列出了其中8项。

耐人寻味的第一点在于，受访双方都认为二十多岁的大学毕业正式员工"认真"且会"尽职完成指示"。

第二点在于，只有**年轻人认为**自己在一定程度上"会自主完成没有被指示的事""凡事一马当先""忍耐力强""办

(%)
70
60
50
40
30
20
10
0

类别	三十到四十多岁管理层	二十多岁大学毕业正式员工
认真	~64	~61
尽职完成指示	~56	~62
会自主完成没有被指示的事	~18	~34
不怕挑战风险	~15	~27
凡事一马当先	~21	~37
办事有自己的一套	~20	~35
积极讨论	~22	~33
忍耐力强	~22	~38

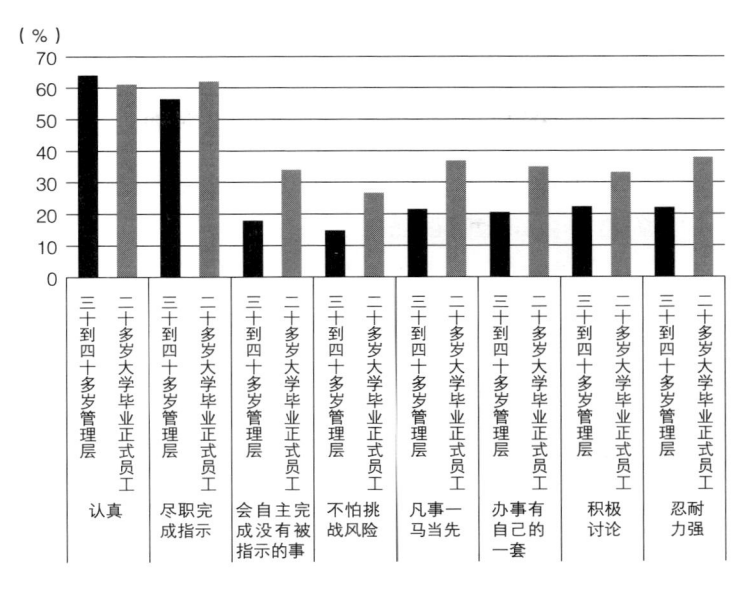

注：结果为"非常符合"和"基本符合"的总和
出处：Recruit Works 研究所《年轻职员实情调查》（2017 年）

图 8-1　三十到四十多岁管理层对于二十多岁大学毕业正式员工的评价，及二十多岁大学毕业正式员工的自我评价

事有自己的一套"。真是一群自我感觉良好的有好孩子综合征的年轻人啊。

无论如何，我们从结果中可以看到年轻人有典型的"等待指示"心态，本章就要对其中的缘由进行探究。

另外，笔者要事先声明，在这个年代有条件等候指示可是非常奢侈的。

归根结底，等候指示意味着"等别人给自己答案"。

这种状态只有当下达指示的一方知道答案才能成立。一旦出现未知元素，便没有人可以给接受指示的一方答案。

第八章　一味等待指示

所以指示的内容包含的未知元素越多,就会显得越暧昧不清。

由此可知,在如今的时代,明确能够"等待指示"的机会凤毛麟角,可遇而不可求。年轻人对此却毫无概念。

他们常常会如此抱怨公司:

"不说清楚要我干什么,真让人搞不明白。"

"总是不告诉我该在何时掌握什么知识和技能。"

很多年轻人倾向于认为工作也和中考、高考或其他很多考试一样,是有指导方针或手册的。也有不少人觉得只要将手册上的知识和技能熟记于心就等于适应了工作。

所以在他们眼里,没有手册的公司、没有培训的公司、前辈什么也不肯教自己的公司、上司会**强人所难**地说"有什么不懂的随时来问"的公司,都不怎么样。他们在企业宣讲会上反复询问培训制度的原因也在于此。

更倾向于保守稳定

野村综合研究所(NRI,Nomura Research Institute, Ltd.)[①]从1997年起,每隔三年都会进行一次关于价值观与人际关系的大规模问卷调查,一直坚持至今。他们不辞辛劳地从日本全国随机抽选一万名受访者,得到的数据涵盖十岁到八十岁。

---

① 日本知名的综合咨询和信息技术服务公司,在战略咨询、信息技术、企业管理、风险管理、市场研究、系统解决方案和研究分析等方面提供高质量的服务。

接下来笔者会摘抄一部分《NRI 万人生活大调查》的结果，并对此进行探讨。尤其引人关注的是一份关于生活价值观历年变化的数据，该数据也曾被刊登在东洋经济新报社出版的《日本消费者在想什么？——两极化时代的市场营销》一书中。

图 8-2 的折线图列出了 2000 年和 2018 年针对横轴上的各项目回答"同意"和"大致同意"的人数比例总计，柱状图的数值越向下延伸，就表明 2000 年回答"同意"和"大致同意"的人数越多。

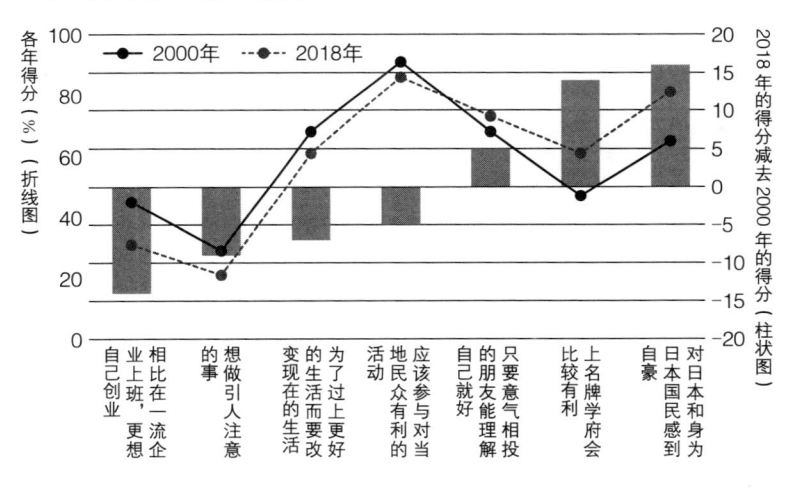

注：柱状图显示的是"2018 年减去 2000 年"的数值
出处：笔者摘自野村综合研究所，松下东子、林裕之、日户浩之《日本消费者在想什么？——两极化时代的市场营销》（东洋经济新报社，2019 年）

图 8-2 2000 年与 2018 年生活价值观的变化

值得注意的是最左边的两项。"相比在一流企业上班，更想自己创业"和"想做引人注意的事"，这 18 年来分别下降了 14 个点和 8 个点。这些选项的得分原本就不高，如今更趋低迷。

将这些项目按年龄层进行统计后得出的结果如图 8-3。

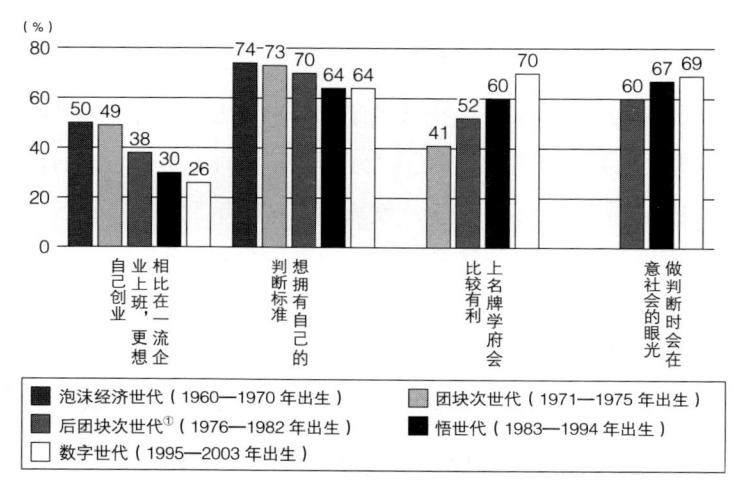

图表数据：
- 自己创业：50、49、38、30、26
- 相比在一流企业上班，更想自己创业：74、73、70、64、64
- 想拥有自己的判断标准：41、52、60、70
- 上名牌学府会比较有利：60、67、69
- 做判断时会在意社会的眼光

图例：
- 泡沫经济世代（1960—1970 年出生）
- 团块次世代（1971—1975 年出生）
- 后团块次世代①（1976—1982 年出生）
- 悟世代（1983—1994 年出生）
- 数字世代（1995—2003 年出生）

出处：笔者摘自野村综合研究所《日本消费者在想什么？——两极化时代的市场营销》（东洋经济新报社，2019 年）

图 8-3 "想自己创业"等回答的各年龄层得分

如您所见，受访者年龄层越低，回答"想自己创业"的就越少。虽然回答"想拥有自己的判断标准"的人数总体偏高，大体上却也在随年龄层降低而下滑。

日本人整体正越来越回避挑战和自我表现，仿佛都对等待指示的机会望眼欲穿。

---

① 原文写作ポスト団塊ジュニア世代，指在团块次世代后出生的一代人。他们在泡沫经济繁荣的末期和随后的经济低迷时期成长，往往接受了较高的教育，但在进入职场时面临经济衰退的影响，工作机会大不如前，同时也受全球化和信息化的影响较大。

令和时代的学历至上主义

我小时候正值歌手尾崎丰[①]当红的年代,所以很讨厌按照家长的安排升学和就业。记得他的歌词中有唱"为了做我自己,骑着偷来的摩托飙车"(好像这么做也不太对)。考上名牌大学、当上公务员的那种人生,绝不可能成为我的梦想。(宇多田光好像唱过类似的歌吧)

然而时代变了,如同图 8-3 表明的那样,现在的年轻人相信"上名牌学府会比较有利"。这一数值在亲子两代人的更替下几乎翻了一番。

想不到如今的年轻人如此看重学历。

即使没有尾崎丰的歌,对学历至上社会的批判也由来已久。所谓的学历至上社会,是指相对于个人的能力和人格,学历在对一个人的评价中占据更高比重的社会。尤其当学历对职业选择、社会地位和收入拥有巨大影响力的时候。

有时这种影响并不仅停留在求职时期,甚至在职场上,来自同一学阀、同一所学校的人员所组成的集团,也会互相为彼此谋方便。所以对有些人来说,学历的影响会终身超过其本人的能力。

对大学生来说,他们第一次明显感受学历至上的社会影响有多深刻,应该就是在求职应聘期间了吧。在申请职位时,一个人就读的大学可能影响其是否能通过初筛,这

[①] 尾崎丰(1965—1992)日本创作型歌手,17 岁出道,通过音乐作品向当时日本的社会和校园中的不公平现象表达不满,得到当时年轻人的追捧,被奉为那个时代的日本青少年的偶像,以其音乐理念和激情影响了一代人。

第八章 一味等待指示

种所谓的"学历滤镜"在学生群体之间已不是区区传言。有些企业会刻意不在求职申请表上设置"就读院校"一栏（表示自己这边没有学历滤镜），以此博得学生的信赖。

总而言之，在个人自由的创意和灵感能为社会带来变革的大创新时代，学历至上社会是有百害而无一利的。

那么，十恶不赦的学历至上社会是从什么时候开始的？严格来说，是从日本出现学校这一概念的那天。然而笔者并不擅长历史学，就只从明治时代（1868—1912）说起吧。东京大学创立于明治十年（1877），此后包括东京在内的七大城市都设立了帝国大学。据说从那时起，拥有高学历的人便能获得高收入。

不过，如今所说的学历至上社会，其前身大约形成于二战后。随着学历从小学到大学的单线化，普通人也逐渐有机会接受高等教育。从此以后，高学历意味着高收入的现象便越发普遍化，许多人都以上大学为目标，形成了千军万马过独木桥的"学历崇拜社会"。毕竟，想进好公司就得先上好大学。

"学历是检验年轻人努力程度和忍耐力的最方便的指标"，这种认知也在对学历至上的现象推波助澜。这种逻辑认为，考上难考的大学必须付出相应的努力并且拥有忍耐力，在学习上能努力的人，在工作上也可以有所建树。与此同时，日本社会也普遍认同十年寒窗应有所报。

然而，拥有高学历的人未必能够胜任工作。越来越多人相信，优异的高考成绩与工作出成就所必需的能力并非完全画等号，两者甚至是大相径庭的。

企业也不再只看重学历，而是会花时间检验应届生的个性与能力，再决定是否录用。近年来，3月1日开始招聘、6月1日开始选拔、10月1日开始发放内定资格的日本就业协定①，已经被大幅修改（甚至几乎不在人们的考虑范围内）。随着实习制度的普及，录用新员工的流程也变得更加细致且耗时。

年轻人反而越来越重视走关系

如上所述，从好大学毕业就能进好公司，这种被大多数日本人接受的学历至上潮流（似乎）正逐渐退去。

尤其是相比于在过去激烈竞争环境中长大的团块次世代，日本令和时代的二十岁出头年轻人的人口已经缩减到六成，而且他们没经历过就业冰河期，应该完全不用崇拜学历才对。

可事实并非如此。

我们在图 8-3 中已经见到，以年轻人为中心的民众认识正在开倒车，学历至上社会卷土重来。我们该如何解释这一现象呢？如果尾崎丰还活着，他又会怎么看？

事实上，印证年轻人崇拜学历的数据（出自 World Values Survey②即世界价值观调查等）比比皆是。

---

① 可追溯至20世纪60年代左右，当时日本经济高速增长，为了规范就业市场，避免无序竞争，企业、学校和学生之间逐渐形成了一套非正式的就业活动规则。日本的学年通常从4月开始，到次年3月结束。因此，春季（3月）成为许多学生毕业和进入职场的传统时间节点。
② 世界价值观调查，简称 WVS，是一项旨在研究公众的价值取向，并探索其如何随时间与社会政策变迁而变化的全球性调查。

- 为了过上更好的生活，走关系比实力更重要；
- 为了对外说明自己的地位和立场，带上职务和头衔很重要；
- 想获得用得上资格证书的岗位。

这些均来自以年轻人为对象的问卷调查结论，其数值呈现逐年递增的趋势。

只能说，他们的观念非常保守，而且还是走关系、职务、头衔这类的。所谓的既得利益，本该是影视剧中用来扣在腐败政治家头上的名词。可笔者万万没想到的是，如今的年轻人才是真正的既得利益崇拜者。

我们该如何解释这种倾向呢？

以下是笔者个人的想法。

对有好孩子综合征的年轻人来说，有一种情况比学历至上社会更难接受，让他们宁可崇拜学历也不愿意面对。

那就是我们前面提到的"会花时间检验应届生的个性与能力，再决定是否录用"。在不想当出头鸟、尽力泯然众人、讨厌竞争又缺乏自信的学生眼里，这样的录取制度宛如千斤巨石。

实习是为了"争夺既得利益"

看到这个小标题，可能会有人这么批评我：

"胡说八道，现在参加实习的学生明显增多，不正说明他们愿意积极检验自身,从而得到成长吗?"

的确,单看数字的话可以这么认为。

真心为了成长而参加实习的学生也不在少数,特别是那些堪当弄潮儿的创业公司尤其能聚集积极性高的学生,也创造了应届生和总裁、创业成员面对面接触、学习业务心得的机会。

可是包括著名大企业在内的其他公司的实习情况又如何呢?报名去各位公司实习的学生们是真的愿意积极检验自身并收获成长吗?(假如您是这么理解的,那很可能是一种错觉。我在前面反复提过,现在的有好孩子综合征的年轻人都是表演天才,可以伪装出长者最期待的样子)

那他们为什么要参加实习呢?除了自我成长以外,还有什么别的目的呢?

答案是渴望既得利益的保守心态。驱使多数学生参加实习的最大动机是"公司的内定名额几乎都会被参加实习者占据"的说法,以及由此而来的先入为主观念。

开门见山地说,实习只不过是争取既得利益的手段。

顾名思义,实习本来是一种就职体验,只要想做的人去即可,并且还会给企业造成不小的负担。至少在表面上,实习和招聘活动是分开的,只是为企业和学生双方创造成长的机会。

然而如今的大学生实习率高达80%,其中有很多人的第一志愿还是公务员。这一切都是因为他们相信"这样做对应聘面试有好处",也可以避免在正式录用考试中被人质疑为什么没参加公司的实习。

对保守倾向的正确解释

日本的年轻人已经走到悬崖边上了。

以下是对相关书籍和报道进行整理后得出的总结，也常被视为他们崇拜学历和走关系的根据。

- 当今的年轻人出生于日本经济停滞后的时代，没有实际体验过"挑战使人成长"这个过程；
- 随着经济持续低迷，贫富差距也越来越大，他们极度担心一次失败后就再难翻身；
- 他们从小目睹各种公司倒闭、员工失业、企业裁员等社会现象，很早就明白既得利益的重要性。

第一条（前半部分）是客观事实，您也许听过"日本经济失落的多少多少年"这种说法，而到2021年正好是"日本经济失落的三十周年"。泡沫经济崩溃于1991年，此后日本经济几乎没有增长。

第二条和第三条的一部分与笔者的理解比较接近，不过还是有些不对劲——最主要的原因是，这些观点都假设了年轻人能够正确理解上述的日本形势。

而真相是，只有一部分年长者对此有所理解（且不论其理解是否正确），提出这些观点的人只是将已经掌握的知识（也正因为仅拥有知识）生搬硬套到关于年轻人的讨论上。

如同笔者再三强调的，孩子们的世界其实很小，大多数情况下，父母的想法对他们的影响极深。

所以笔者自己做出了如下分析：

无法切身感受"挑战使人成长"的是长者，认为一次失败后再难翻身的是长者，信奉既得利益的也是长者。

因为长者们都这么想，孩子们才会被潜移默化地同化。

在我看来，无视这种因果报应、只知道指责如今的年轻人缺乏魄力的人其实是很滑稽的。很简单，年轻人只是在复制并重现日本上一代人这三十年来的所作所为罢了。

等待指示的人，其价值将随着信息化被抹去

与新冠疫情抗争的这两年来[①]，想必有不少人觉得"社会没办法完全恢复到从前的样子"吧。

业务与办公环境都发生了巨大的变化，极速转变的居家办公模式，改变的不仅是工作场所，还有业务本身和组织形式。

首先，业务模块化有所发展。新冠疫情期间的人们无法像从前那样聚到一起磋商问题，管理者必须事无巨细地对业务流程进行提前设计。

员工之间的团队意识和对企业的归属感也不同于往日了。很明显，在远程办公的社会里，一部分员工对企业的归属感会大不如前。曾经由每天面对面（不管乐不乐意）而勉强维持的经营者与员工、员工与员工之间的信赖关系，也有可能变得薄弱。

---

① 日语版原书出版于 2022 年。

对那些苦于职场环境，尤其是人际关系的人来说，居家办公无疑是一个好消息。

　　其次，经营者也会意识到企业从前养了多少闲人。那些只是人在公司、只知道等待指令的员工，在远程办公的环境下会变得毫无价值。因为他们只有在可以"等待指示"的情况下才有用武之地，和远程办公环境是格格不入的。

　　等待指示的员工和有好孩子综合征的患者几乎是一路人，后者就好比前者的雏形与候补。

　　我们不妨停下来想一想。

　　如果笔者在本书中提出的假设被印证，有好孩子综合征的年轻人的比例越来越高，五年、十年后的日本社会将是怎样一番面貌？

　　如果笔者没有信口开河，起源于新冠疫情的远程办公就此扎根，以住家办公为代表的信息化社会变得不可撼动之后，养着一大群等待指示的员工的日本企业在五年、十年后的竞争力又将是怎样一番面貌？

　　我认为，有好孩子综合征的患者面临的最大课题，是他们作为个体无法创造任何附加价值，只能在无法融入远程办公的前提下静候指示。在现实中，他们连曾经拥有的"与大家同步"的工作也将失去。

　　若他们接到按部就班的工作（按照有好孩子综合征的年轻人的说法，这叫"职业技能""通过培训掌握的技能""能发挥个性和能力的工作"），还是能维持一定的生产效率的。以前尚有能够从头到尾做细分模块化且平均分配的工作，用以养活那些高成本的冗余人员，然而这样的工作现今已所剩无几了。大多数任务都变得错综复杂，让业务模块化变得难比登天。

　　所以，每一位员工都只能不断绞尽脑汁，在各种工作细节上加入自己的构思。可是有好孩子综合征的患者最不适应的就是这种创造价值的活动，他们甚至会恐惧独立自主的工作流程，"创造价值"更是他们最为避之唯恐不及的。

第九章

拖队伍后腿的日本人

年轻人成长的社会

为难人的日本人

在之前很长一段时间，日本人都爱为难人的说法曾一度广为人知并引发探讨。这种现象可以充分解释日本人在新冠疫情期间的言行，所以再次成为大众话题。

这一信息最早的源头，是由"日本人热衷于为难人?！"这个研究项目得出的实验结果。以高知工科大学特聘教授西条辰义（该结果发表时任大阪大学社会经济研究所教授）为主导的一群研究人员，通过一系列游戏对参与者进行了实验。他们在实验中应用了行为经济学中的"囚徒困境"，得出了颇为耐人寻味的研究成果。所以，笔者将用后面五十页的篇幅，来介绍公共设施供给中"搭便车"（Freeriding）行为的理论背景。

虽然笔者很想这么做，但本书毕竟不是深入探讨学术话题的著作，在这里还是忍住冲动，仅做简要的解释。

有一种观点认为，公路和学校等公共设施会带来大量的社会便利，建设成本应该由集体分摊。反过来说，就算个人不负担，公路和学校应该也能如常完工。于是，"谁负担谁傻"的想法便被称为"搭便车"。不仅在公共设施领域，在环境问题等领域，如何对待"搭便车"的人士也是一大课题。

根据西条等人得出的结论，日本人的"搭便车"问题显得更为复杂，原因是：

① 与美国等国的民众相比，更多日本人从一开始就想"搭便车"；

② 不过其他人看到这种行为后，会不计代价地对"搭便车"的人予以报复；

③ "搭便车"的人慢慢明白，不参与支持公共设施建设会给自己造成严重的损失；

④ 最终，日本人会比美国人更配合。

真的是这样吗？日本人也太可怕了。

他们并没有互相协力、合作，只是害怕遭到报复而已。

……不，我不能被吓倒，我还是要努力解释这件事。细看之后，我发现疑问主要集中于前半部分。

- 为什么日本人一开始就想"搭便车"？（对①的疑问）
- 为什么日本人一旦发现有人"搭便车"，就会采取报复行为，即使这意味着自己也要付出代价？（对②的疑问）

一部分专家认为，这是因为日本是一个资源有限的岛国，国民又是单一的农耕民族。在有限的土地和资源中，日本人形成了村落社会——只要有人不守成规，所有人就会群起而攻之，以确保村落得以存续。

以研究者的眼光来看，这一结论非常有趣，也让人很想去将阿伊努人、因纽特人和澳大利亚土著人等其他民族拿来对比和进一步考察。

但恐怕各位读者会说，这种研究还是回象牙塔去搞吧。毕竟大多数的现代日本人都没有参与农耕，也并不在村落中生活。将所属组织视为村落并探寻其中的相通之处，的确是一个有趣的思考方向，但将一生中绝大多数时间都生活在真正的村落中的情况，与现代都市中发生的众人的行为变化相提并论，是会让人不解的。

而且上述逻辑只解答了第一个问题，并未涉及第二个问题。

到这里读者可能会觉得笔者只是在浪费纸张，而且会要求笔者给出自己的解答吧。

"搭便车"的报酬

当我们始终找不到答案的时候，或许该试着怀疑，是否问题本身就没问对。

作为一名创新论的专业研究者，这也是笔者的信条。毕竟在美国影视剧中，也常会有人说"你问错了问题（wrong question）"。

所以我们试着将"为什么在日本一开始就有很多人爱'搭便车'"改成"人们为什么不选择'搭便车'"。

明明自己不负担成本也能得到相同的便利,主动负担不是很傻吗?身为左脑经过训练的理性人类,自然能明白这个道理。那么为什么我们还要去负担呢?

是因为不守规矩就会受罚?

还是因为在意他人的眼光?

原因似乎不少,不过我们还要继续深入地想一想。

每个人的行为背后都是有动机的,如果将什么都不做也算作是一种行为,可以说动机无处不在。具体请参考金间大介著《动机的科学》。(趁机打广告)

而且动机的源头一定是某种报酬。有奖赏,就会产生动机,才会去行动。

奖赏分为两种,内部的和外部的(这是我们第二次提到了)。

内部报酬指的是活动本身带给人的快乐、成就感、意义感、自我成长等内心得到的奖励。外部报酬指的是金钱、褒奖、评价、处罚、外界压力等来自外部的报酬或惩罚。(想进一步学习的人请参考金间大介著《动机的科学》)

基本上,是否"搭便车"的选择也能通过相同的原理予以说明。

只有当共同承担的付出,大于"'搭便车'被发现的概率 × 被发现时受到的处罚"的外部报酬(这种情况下属于外部惩罚)时,人们才会去"搭便车",而这么做和内部报酬无关。

而选择不"搭便车"、共同承担公共设施的人，其动机如前所述，是因为他们害怕惩罚，且在意他人的目光。

归根结底，他们下判断的依据，与选择"搭便车"的人是原理相通的。简而言之，无论"搭不搭便车"，两种人的思考逻辑是一致的。

那美国人为什么愿意共同承担公共设施？

也是因为害怕惩罚吗？

这倒是可以理解。

也在意别人的目光吗？

可是，美国人不是酷爱我行我素的吗？

消防员的靴子

正确答案是，他们有内部报酬。

当然，并非所有美国人都是为了内部报酬而去承担公共设施。不过以美国人为对象的几种研究结果显示，他们在付出时获得的幸福感要高于得到时。也就是说，他们在承担公共设施时得到了内部报酬。有一本与此相关的、浅显易懂的著作，是亚当·格兰特（Adam M. Grant Ph.D.）所著的《沃顿商学院最受欢迎的思维课》（*Give and Take: Why Helping Others Drives Our Success*）。

笔者本人没有百分百接纳这一结论，但如果从"至少他们的言行表现出对那种社会的憧憬"这个角度来看，有些问题便迎刃而解了。

而日本人倾向于认为，承担公共设施是自己的义务，或者说，是某种他人制定的系统的其中一环。

也许有人不以为然：

"不可能，日本人的助人为乐精神是很了不起的，你没见过他们的赈灾志愿活动吗？"

可是，我住在美国的时候，家附近的消防站常常举办募捐活动。有的是为了给孩子们买书，有的是为了帮助房屋毁于火灾的家庭。捐款的人通常会将钱放进消防员的靴子里。

有人在日本见过同样的场景吗？

我是2001年夏天去美国留学的，因此在当地经历了"九一一"事件。当时的志愿者集会和募捐活动的规模是日本难以企及的，即使在大学校园内都数不胜数。

恐惧互相帮助的日本人

不好意思，有些唐突，请各位读者假设自己是面包超人。您在街头遇见有人需要帮助，身为面包超人，您当然会上前询问情况。

抱歉，接下来又要不得不将您设定为普通的日本人。此时在街头遇见有人需要帮助，您还会做同样的事吗？

如果答案是否定的，那么您和面包超人的区别又在哪里呢？

反应敏锐的读者朋友也许会想到自助、互助、公助这一类的概念。那是日本前首相菅义伟在竞选自民党总裁的时候提出的政治理念，在新冠疫情的推波助澜下广为人知。

三者的顺序十分重要，相信没人会反对自助应该排在第一吧——每个人都应该为自己的生命和生活负责。

很自然地，互助紧随其后。虽说一个人能力有限，但如果凡事都寻求公助，也会导致效率极端低下。身边人能帮就帮一把呗，管他是邻居、同事，还是一个村的村民。

然而日本人非常不善于互助。

确切地说，是很不擅长积极的互助。

只要有人（哪怕只是表面上）需要帮助，美国人基本上都会积极地施以援手，听到对方说"谢谢！（Thank you!）"，他们也会满不在乎地说句"我很乐意！（I got it! My pleasure.）"。

但日本人根本不会踏出第一步。

是因为他们害怕被拒绝吗？

还是因为他们遵循自助优先的原则？

又或者担心别人被自己的热心吓一跳？

如果您是充满爱和勇气的面包超人，当然会伸出援手。就算对方果真被吓一跳，因为您是面包超人，所以也不在乎。

而且在大多数情况下他们会婉拒您的帮助，说自己没事，其实在这一点上，无论是美国人还是日本人都差不多。

两国的差别在于这个**过程本身**的重要性。

在 126 个国家和地区中排名末位

无论在日本还是在美国，总有一些人会拒绝帮助。

不同的是被拒绝者的感受。

第九章　拖队伍后腿的日本人　163

"需要帮助吗？（Can I help you?）"

"不，谢谢。（No, thanks.）"

面对这个过程，即使被拒绝了您仍会感觉高兴，还是会感到恐惧呢？日本和美国的区别归结于此。美国人身处崇尚满足内部报酬的互助社会，日本人却会因为恐惧他人（包括邻居）而放弃互助，依赖公助。

以下提供一组可以作为根据的数据。

各位听说过世界慈善指数（WGI，World Giving Index）这个国际调查吗？如果还不了解，正好趁此机会接触一下，因为它既有趣又简单易懂。

该调查是由英国慈善团体慈善援助基金会（CAF，Charities Aid Foundation）和美国民间舆论调查公司盖洛普（Gallup）共同实施的，由助人、捐款和志愿服务这三大指数构成。调查结果从2010年起对外公布。

另外，盖洛普公司另一项为人所知的工作，是以全世界范围内的商务人士的工作敬业度为调查对象得出的测定指标"Q12"[①]。

WGI则是由在全世界范围内询问受访者"最近一个月内是否进行过下列活动？（Have you done any of the following in the past month?）"，并对回答结果进行统计和指数化而得出的。具体问题如下：

---

① 由盖洛普公司开发的一套用于衡量员工敬业度（employee engagement）的问卷调查，它包含12个关键问题，通过这些问题，企业可以了解员工的工作体验和敬业度水平。Q指问题。

Q1：有没有帮助过需要帮助的外国人或陌生人（Helped a stranger, or someone you didn't know who needed help）？

Q2：有没有向慈善团体捐款（Donated money to a charity）？

Q3：有没有参加志愿服务（Volunteered your time to an organisation）？①

自 2010 年起，他们每年都会在全世界实施这一调查，并于次年公布结果。2019 年 10 月，WGI 发表了十周年版本——《十年慈善捐助趋势》（*10th Edition Ten Years Giving Trends*）。

这"十年趋势"包含了 2009 年至 2018 年的各个国家和地区统计数据。因为问卷受访国和地区每年都有细微的变化，所以十周年版本选取了受访年数不少于八年的 128 个国家和地区的数据（其中参与排名的有 126 个国家和地区），各个国家和地区的调查结果最终都会以百分比的形式排名。

让您久等了，下面就来公布结果。提前声明，我们将在这份结果中看到日本阴暗的一面，还请做好心理准备。

首先是综合排名，日本在 126 个国家和地区中排 107 名。这个成绩已经相当上不了台面，而最拖后腿的一道问题就是"有没有帮助过需要帮助的外国人或陌生人"，单看这一道题，日本的成绩排名倒数第一。

我猜您已经目瞪口呆了，为了确保您没有看错，我再说一遍。

---

① 以上均为作者翻译括号内的英文至日文后，译者对日文进行的中文翻译。

日本受访者当中回答帮助过陌生人的数字，在世界126个国家和地区范围内，排名第125位（并列），是吊车尾。

表9-1 世界慈善指数十周年版本《十年慈善捐助趋势》

国家和地区	综合排名	综合得分	排名（助人）	助人	排名（捐款）	捐款	排名（志愿服务）	志愿服务
美国	1	0.58	3	0.72	11	0.61	5	0.42
缅甸	2	0.58	49	0.49	1	0.81	3	0.43
新西兰	3	0.57	10	0.64	9	0.65	6	0.41
澳大利亚	4	0.56	11	0.64	8	0.68	12	0.37
爱尔兰	5	0.56	16	0.62	7	0.69	10	0.38
加拿大	6	0.55	9	0.64	10	0.63	11	0.37
英国	7	0.54	19	0.60	2	0.71	25	0.30
荷兰	8	0.53	37	0.53	5	0.71	14	0.36
斯里兰卡	9	0.51	29	0.55	19	0.50	1	0.46
印度尼西亚	10	0.50	86	0.42	6	0.69	7	0.40
德国	18	0.43	26	0.56	20	0.49	36	0.26
泰国	21	0.42	89	0.41	4	0.71	79	0.15
尼日利亚	22	0.42	7	0.66	56	0.27	21	0.32
新加坡	46	0.35	96	0.39	21	0.48	59	0.19
意大利	54	0.33	68	0.45	33	0.38	73	0.16
西班牙	58	0.32	45	0.51	46	0.30	76	0.16
法国	66	0.30	108	0.36	55	0.27	33	0.27
印度	82	0.26	113	0.34	62	0.24	63	0.19
越南	84	0.26	83	0.42	65	0.23	98	0.12
柬埔寨	102	0.24	124	0.24	28	0.40	113	0.08
日本	107	0.23	125	0.24	64	0.23	46	0.22
俄罗斯	117	0.21	112	0.35	112	0.12	74	0.16
克罗地亚	118	0.21	120	0.30	68	0.22	108	0.09

我们该如何解释呢？

吊车尾也太夸张了吧？身为研究者，笔者不得不先怀疑调查数据的可信度。

首先想到的是"词语意义不同"的情况。事实上，在这种国际比较调查中的语义偏差，最常见的就是翻译问题。无论在语法上处理得如何准确，这世界上还是不存在完美的翻译。因为每种语言都有自己独特的修辞和意象。

在这份问卷中，英语单词"help"和日语中的"帮助"就可能存在微妙的差异，也许这个英语单词涉及的范围要广一些，这才导致日本人的数值偏低。

此外，时间（如果调查是在感恩节之后立刻进行的，回答"是"的比例也许就会上升）、提问人（回答者在面对异性提问时可能会碍于面子而撒谎）等细微偏差也是有可能存在的，也许是其中一部分或所有部分叠加在了一起，造成了日本人助人率低下的状况。

这种可能性固然存在，却并不现实。即便调查结果会因此而有小幅度的变化，但归根结底这是一份极为简单的问卷调查。尤其是，第一道题涉及的文化差异和另外两道比起来不算大。我想日本还是应该老老实实接受"最不助人的国家"这个称号。

其实日本人原本就很少和陌生人进行交流，如果日常生活中碰到这样的场面，日本人只会被吓一跳。因为日本人总是站在自己的视角，对内外做出明确的区分，结果造就了最不乐于助人的发达国家——这是一种可能性。

另一种可能性是，日本人尤其看重自己对自己负责这件事。日本人从小就被教育不要给别人添麻烦，自己的孩子在餐馆离别人近了一些，日本的父母都会一个劲地道歉，不少日本家长还会得意地教育孩子"只要不给别人添麻烦，想做什么都可以"。

哪怕只是稍微给别人添了麻烦，日本人也难以容忍，所以他们会对（已经）造成麻烦的人非常冷漠。哪怕是老人和孩子，有时也会遭到非难。极端的自我负责主义有可能造成极端的保守倾向和恐惧他人。

笔者想再次问问各位读者：

日本人为什么如此惧怕和他人对话？我们为什么成不了面包超人？

该怎么做才能拥有能够迅速对需要帮助的人施以援手的坚定和善良呢？

与他人保持同步正是日本人一直以来的特有气质

长久以来，外国人都知道日本人喜欢和别人保持同步（光这一点就够可怕的了）。

下面是笔者在美国留学期间听到的故事，因为有意思，所以一有机会就会说给别人听。这个故事也叫"沉船笑话（Sinking Boat Joke）"，是一个广为人知的嘲笑刻板印象的段子。假如您已经有所了解，也烦请再看一遍，因为真的很有趣。

请想象一下，一艘伊丽莎白二世女王号或者泰坦尼克号般的国际大型客轮触礁后眼看就要沉没，虽然船长下发了救生艇，但是上面坐满了妇女和儿童，很多男人不得不从高处跳入海中。当然，他们都害怕跳下去。这时，为了鼓励他们采取行动，船长说了下面这番话——

对美国人："跳下去，你就是英雄！（Go! Jump!! And you will be a hero.）"

对德国人："跳下去，这是船上的规定！！（Jumping is a rule of the ship!!）"

对意大利人："跳下去，你会成为女士们的宠儿！（If you jump now, you are going to get women's hearts.）"

对韩国人："跳下去，你看日本人都跳了！（The Japanese guy has already jumped.）"

对日本人："跳下去，别人都跳了！（Just look at people around you. Everyone is jumping.）"

很有趣，但是我笑不出来，因为这个故事说到了日本人的痛处。想让日本人做出挑战，只要让他们和周围人保持同步就好了，美国人真是目光犀利呀。

想到这儿我不仅笑不出来，甚至有点害怕。我一直将现在的年轻人称为好孩子综合征患者，探讨了他们的泯然众人和缺乏主见，其实这一切特征都是日本人一贯具备的，而且早就被外国人看穿了。

三个臭皮匠究竟是群智，还是群愚？

众所周知，俗语"三个臭皮匠顶个诸葛亮"指的是普通人聚在一起也能拥有非凡的智慧。英文中也有"Two heads are better than one"的说法。这在学术上被称为"集体智慧"。

与之相反的说法是"集体愚蠢",指的是每个人的能力都不低,聚在一起反而会做出愚蠢的判断,专业术语为"集体愚蠢"。

看得出,各种观点莫衷一是,我们究竟应该相信哪边呢?

您可以回答"随机应变",这当然也没错,可是古人的智慧不就是为了让我们用上百试百灵的普遍真理吗?

有一篇论文的确践行了"随机应变"的思路,根据时间和场合的不同,对对象分别进行了验证,并且刊登在一本有名的期刊《自然人类行为》(*Nature Human Behaviour*)上。论文领头作者是日本人丰川航,标题的译名为《社会化学习策略控制集体智慧和集体愚蠢》[1]。

该论文应用了分层贝叶斯方法,十分难以读懂,我就来简要介绍一下吧。

接受实验的人总共有699名,研究人员将他们分为人数各不相同的若干个小组,并给每个小组分配了难度各异的课题。在此基础上,研究人员观察了实验对象彼此之间追随和模仿的程度。也就是说,这个实验尝试通过课题难度〔论文中称之为"任务的不确定性"(task uncertainty)或"有挑战的任务"(challenging task)〕和团体规模这两

---

[1] Toyokawa, W., Whalen, A. and Laland, K. N., *Social learning strategies regulate the wisdom and madness of interactive crowds*, 2019.

组参数来说明团体社会化学习的程度。

结果是，课题的难度越高，实验对象就越倾向于模仿他人，而且这一倾向在团体规模越大时也越强烈。反之，领到低难度课题的人更容易形成自己的意见，最终更易于发挥集体智慧。在小规模团体中，这种情况也是相同的。

也就是说，在越大的团体中，人们在面对未知且挑战性较大的课题时，会更容易陷入集体愚蠢。

我曾经以为"三个臭皮匠顶个诸葛亮"中的三个人是泛指团体，然而事实是，或许三个人刚刚好。假如人数扩展到三十或三百人，课题的难度又很高，他们离诸葛亮恐怕会越来越远。

特别是日本人向来都有"别人跳我也跳"的气质，身处于社会课题日益困难的时代，日本有可能越来越容易陷入"集体愚蠢"之中。

我们有权对年轻人抱以期待吗？

本章也接近尾声了。

笔者始终认为，在学生找工作时不让他们了解确切的年薪数目是日本的一种异常状况。

看一眼应届生招聘信息网站，我们会发现大学应届生的收入起点都被写成了二十万到二十二万日元，这一点和岗位、单位规模甚至是否公务员无关。这个公开的信息大概是包括了上述的基本薪资、奖金和津贴。这对尚处于应聘阶段的人员还勉强说得过去，可是就连已经拿到内定资

格的准员工,都无法确切了解自己第一年究竟有多少收入。(更糟糕的是,这种信息的不透明还在模糊他们未来与别人的收入差距)

各位听说过"人才战争(War of talent)"这种说法吗?它意味着全世界都已经开始在争夺优秀的青年人才了。

日本国内也对拥有强大工作意愿和创造性的青年人才如饥似渴,给学生个人配备就业代理、直接指名录用等情况也已经司空见惯。

各地为吸引优秀的年轻人制定了各种方针,但这些努力大都理所当然地化为泡影。大学毕业生三百五十万日元的年薪数目在发达国家中排名极端靠后。在这样的环境中,又怎能期待年轻人工作积极、抢着干苦差事又猜得透领导的心思呢?

对年轻人抱以期待无可厚非,但也理应为此付出相应的代价,保证他们将来有高收入,否则就成了压迫与压榨。

我想问所有对年轻人有所期待的人,如果您是他们中的一员,会对那样苛刻的长者们予以回应吗?如果有个自私自利的人对您抱有所谓的期待,您会如那个人所愿吗?

那人将风险都丢给您承担,自己则待在避风港里当着所谓的后援,会留给您怎样的印象?

自己做不到的事,却要求年轻人能做到,他们没有反应也是理所当然的,年轻人们只是在自我防卫罢了。

年轻人只尊敬现役选手

据我所知，年轻人尊敬的只有现役选手。

很多长者以为自己过去的成绩能代表自己如今的形象，所以常常喜欢对人（尤其是年轻人）提起当年勇。

然而当今时代，年轻人每天都能听到别人的当年勇，也难怪他们只能假装钦佩了。

他们真正在意的是您今天做了什么、明天还将要做什么，并由此决定您在他们心目中的地位。正所谓，好汉不提当年勇。

本章介绍了年轻人不爱变化、回避挑战、越来越保守封闭，是因为他们成长的日本社会就是如此。

年轻人看到了长者们的"榜样"，才会认为挑战和变化并不能帮助自己成长，而且就算发起挑战也得不到相应的报酬。

将自己办不到且不想做的事一股脑儿丢给年轻人去处理——这不是压榨是什么？

所以本书要提出一个建议。

那就是请身为长者的您负起该负的责任，并向困难发起挑战。

然后，向年轻人尽情展现您挑战过，失败了，又东山再起的形象。

如果届时身边有年轻人，请您对他们说出这句现阶段笔者认为最能够打动他们的话：

"我还想再试一次，这回一定能成功，你愿意帮我吗？"

第十章

写给有好孩子综合征的年轻人

改变环境，改变自我

某个研讨会学生的转机

幸运的是，笔者所教的研讨会学生大多性格开朗。从前问起其中的一位，中学时代是什么样子，是否也像后来那般快乐，得到的回答让笔者很是意外——"总体上安静内向，平时只和少数几个朋友在一起"。

那名学生小时候挺积极的，在课堂上也经常举手，但是大约从小学四年级开始就变得安静了。因为偶然目击到自己的朋友被人说坏话，从那时起，就开始恐惧他人的目光，害怕因自己做了什么奇怪的事，让周围人对自己的印象发生变化。

初中时，那种恐惧上升到顶点。

他如今已是研讨会中的项目组长，不仅会积极鼓励学弟学妹，不怕跟任何人聊天，也从未缺席过研讨会的外宿活动。

据他说，自己之所以变得活跃起来，是因为大二那年加入了现在的研讨会——随着周围环境的改变，心情也发生了变化。

其实笔者周围相同的例子不算少，每年都有好几个。

另外，上面提到的这种"接受并认可一切"的组织或氛围（本例中的研讨会）在经济学上称之为"包容的环境"，已经广泛受到关注。

本书的主要读者对象是三十岁以上的职场人和有过管理经验的人士，尤其是前一章节。但这一章笔者是专门写给年轻人的。

不存在普通的工作

无论你是像上面那位研讨会的学生一样活得阳光积极，还是希望不惹人注意、安静地生活，都属于个人自由，没有好坏之分。

笔者也衷心希望，每个人都能选择适合自己的生活方式。如果安静地生活也能保证衣食无忧，那再好不过，这是笔者的真心话。

可是，假如你正在读高中或大学，又或者未满二十五岁，不妨想一想，这是不是最好的选择？

如果你只想安静度日，那么在未来的人生中，哪怕是你自己的事情，但能自主决定和选择的机会也将越来越少。

"没关系，这就是我想要的，就是稳定嘛。"

也许你会这么说。

然而，不能决定自己的人生，也就意味着你的人生将由别人来决定，那些人未必个个是充满良知、心地善良或值得尊敬的。即使是充满良知的人，也不可能每次都能察觉到你所期望的事，甚至恰恰相反。

说得简单一点，社会人士一天的二十四小时，工作、私人时间、睡眠各占三分之一。假设睡眠时间是人人平等拥有的，那么你工作日里有一半时间（即工作的时间），将由别人来决定如何度过。

再说一遍，你可能认为那是一种稳定——只要得到一天中三分之一的稳定，余下的三分之二就可以随心所欲地过了。

这感觉确实不错。

"这么看来还是在大企业坐办公室好啊，当销售不适合我。和小圈子里的人聊天倒是不讨厌，但我绝对不可能向别人做什么提议。将来我是想回老家的，不如当公务员吧，父母也希望我这么做。"

你将那种状态称为"普通"，并解释说"我不想要什么特别的东西，每天过得安安稳稳、普普通通就足够了，真的没什么欲望"。

开什么玩笑？

白日梦该醒醒了。

能在当今日本社会过上那种"平稳"又"普通"的日子，已经是最高级的待遇了。

假如您身边真的有享受这种待遇（或表面如此）的人生前辈，那么他要么是运气好得能中头奖，要么是付出过惊人的努力和辛劳。

当然，中头奖的概率几乎可以忽略不计，你也一样。

再说一遍，白日梦该醒醒了。

工作时间是不会有"普通"状态的，每个小时都会发生各种各样的事情，它们会不断侵蚀你的内心。

在这样的情况下，你还能保持内心的平稳吗？

假如答案是否定的，那么刚才提到的人人平等的睡眠时间和周末也难免会遭到侵蚀。

而这支侵蚀你内心的大军中也包含着你自己的后悔，你会深深痛悔走到那一步，而且再也回不了头。所以，趁现在好好想想吧。

气氛和保持同步的压力源头

以下是笔者收到的一封信：

您好，我是一个三十多岁的职场人。

在学生时代，曾参与过社团的运营，并且经常为此开展讨论。

其中有一位同年级的同学，不管内心真实想法如何，总是会故意选择与多数人相反的立场，以期深化讨论。每当他这么做，社团中就会弥漫出一股"又是那个人破坏和睦"的气氛。我想，学弟学妹也会认为"破坏和睦"是一种"失败"，并对此深感恐惧。

我觉得日本人有一种过度在意失败者的倾向，我们担心自己也会遭遇同样的失败，或者议论他人的失败。

我认为日本之所以长期欠缺挑战精神，和我们特有的重视"和睦"思想有关，并且我们会厌恶，甚至排挤对这种思想不屑一顾的人。

和这位来信者持有相同意见的人应该不在少数，虽然信中的事发生于大学社团，但在各种其他场合中也能见到。

重点在于，信中提到的"气氛"与"和睦"，以及它们究竟来源于何方。

"保持同步"现象的出现是有一定模式可循的。当有人提出与之前不同的意见时，这种现象尚未发生。然后，某个特定的人对这个意见做出反应，可能是轻轻一笑，或者点了个头。即便在这一刻，"保持同步"仍未真正形成。值得注意的是接下来的瞬间，当不止一个人开始赞同第一个人的轻笑或点头时，"保持同步"的压力便诞生了。

日本人开始感受到同步压力的时期比想象中来得早，大约是在小学低年级到高年级的转折点，也就是孩子们不再在课堂上举手的时期。从这一刻起，他们的世界改变了。

而且这种压力会不断催生有好孩子综合征的年轻人。

我们再说回刚才那封信。

来信者认为，面对社团里的不同意见，可能有人会营造出"某人又说了怪话"的氛围，并且收获不少追随者。

但是笔者的想法有点不同——让这种好孩子综合征患者得以增殖的氛围蔓延开来的人，正是身为年轻人的你自己啊。

这件事很重要，笔者要再说一遍：人们总以为氛围的起源在自身之外，但事实上氛围的源头正是自己。

没错，有些人可能会嘲笑别人的发言。那么你敢说自己没有随声附和过吗？哪怕只是微小的笑声连锁反应，也可能支配被嘲笑者的人生。如果团体里存在年龄差，这种情况就更为严重。

从本质上说，那些努力、有梦想、积极生活的年轻人必然拥有的特质，就是否定年长者的社会和年长者赖以生存的体系，所以年长者们在潜意识里会想要去修正并驯服他们。

其关键点就在于"潜意识"——年长者表面上是支持年轻人努力的，却有种不舒服的感觉，又不敢面对。他们内心深处是明白其中理由的——眼前的年轻人想用与他们不同的方法，追求一个与他们不一样的结果。年轻人并没有直接否定年长者们，只不过是明显要采取与他们不同的想法和做法，也不会对他们的建议如获至宝。

人类是感情的奴隶，心里这种小疙瘩会在理论的武装下改头换面，使他们试图纠正年轻人。

身为年轻人，应该对年长者的这种态度投以嘲笑。但年轻人之间却在相互施加压力，这可如何是好啊？

现在还来得及，请你不要为那种氛围添砖加瓦。

一切都是主观

2021年的五月黄金周，笔者偶然看了重播的日本广播协会（NHK）电视节目《对话——与飞奔在路上的年轻人》，节目中演员桥本爱说的话令我印象深刻，特此介绍。

节目讲述了桥本爱如何与一名初中排球社的女生一起解决烦恼的故事，那个女生的烦恼是这样的：

我参加社团活动时总是喊不出声。我也明白无论是在练习还是比赛中，排球场上的大声呐喊都是很重要的，可就是做不到。我在意别人的眼光，那种感觉与其说是难为情，更像是不自信。我担心自己发出怪声，或者喊错时机，越是这么想，我就越不敢行动。

原来如此，这正是本书探讨的主题啊。（感觉被NHK抢先了）

桥本爱对女生的回应如下：

我也是上初中以后开始演戏的，很理解你的心情。尤其我的工作就是要被人观看，所以心里始终七上八下。可那只是我的胡思乱想罢了，根本没人在乎的。就算有人在乎，也对我没有任何影响。

所以，试着把消极的胡思乱想转化成积极的念头吧。比如从"那家伙自我意识过剩了吧，真烦人"变成"那家伙总是这么努力，真是帅呆了"这样的感觉。

和笔者想说的如出一辙。（又感觉被桥本爱抢先了）

说到底一切都是主观，都是你的内心戏。

消极的胡思乱想愈演愈烈是可以理解的，但是将那种能量转化为积极的作用也并非不可能。

所以你要怎么选？

"道理我懂，可就是做不到，实际的心情是不可能这么老实听话的。"

你也许会有这种顾虑，这也是很正常的。改变心情绝非易事，所以才会成为社会课题，从而导致本书大卖。（在积极的胡思乱想方面我是很有自信的）

但实际上，心情问题就是行动问题。行动变了，心情也会跟着变，这一点尤其适用于有好孩子综合征的年轻人。

那期电视节目的前半部分关注的是心情，后半部分则聚焦于桥本爱和初中女生一起慢慢行动的过程。直到最后，两人一起面朝大海高声呐喊。（这一幕的镜头也放在了NHK的节目官网上）

笔者可不能一直被NHK和桥本爱抢占先机，本书也迎来了最终章，接下来我们将着重关注你自身的行动。

学习的目的

如果你是高中生或大学生，那么你学习是为了什么呢？考上理想的学校？拿到学分？考取证书？回馈老师和父母的期待？

学习动机的两大要素模型可以对此进行一目了然的分类。

东京大学的市川伸一对高中生进行了详细的研究，结果编纂入《现代心理学入门3：学习与教育心理学》（岩波书店，1995年）一书中，将学习动机分为六大类，请参照下面的介绍和图 10-1，先想想自己的学习动机属于哪一类吧。

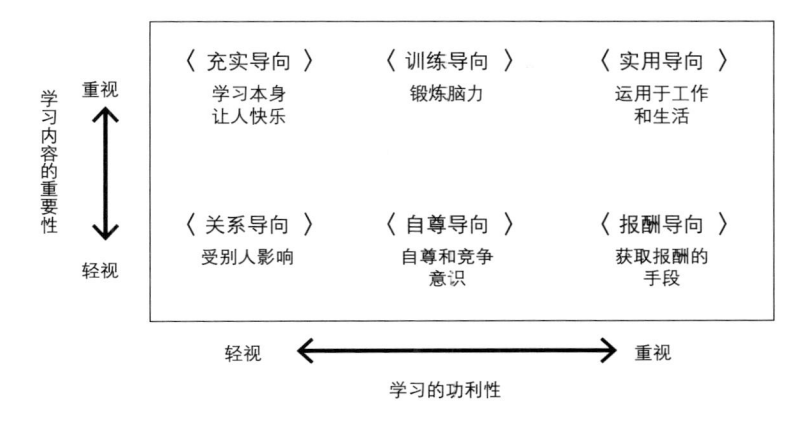

```
                  〈充实导向〉    〈训练导向〉    〈实用导向〉
            重视   学习本身       锻炼脑力       运用于工作
学习              让人快乐                     和生活
内
容
的
重
要
性
            轻视   〈关系导向〉    〈自尊导向〉    〈报酬导向〉
                  受别人影响     自尊和竞争     获取报酬的
                                意识            手段

                   轻视  ←——————→  重视
                          学习的功利性
```

出处：市川伸一《现代心理学入门 3：学习与教育心理学》（岩波书店，1995 年）

图 10-1　学习动机的六种分类

① 充实导向："学习新知识很开心""了解事理很有趣"等建立于对知识的好奇、理解欲、进取心基础上的内部动机；

② 关系导向："大家都这么做"等保持同步的动机，"喜欢老师"之类的回答也属于以人际关系为动机，可以包含在内；

③ 训练导向："训练大脑""掌握学习方法"等通过学习间接提升脑力的动机；

④ 自尊导向："不服输""想胜人一筹"等与竞争意识、自尊心有关的动机，和②一样，与人际关系有关，却不属于保持同步、和睦的类型，而是强调展现自身的优越；

⑤ 实用导向:"获得生活所必需的知识""将来可以运用于工作"等重视实用的动机,虽然和⑥有相似之处,不过更相信学到的知识和技能所具备的有效性;

⑥ 报酬导向:以"得到奖励""被夸赞""害怕挨骂"为代表的关注报酬和惩罚的外部动机,"拿学分""得到学历和出人头地的机会"也包含在内。

这种分类不仅浅显易懂,还能整理成纵横两轴,十分方便。横轴展示的是学习的功利性——期待学习结果或者取得的报酬。结果越靠右,期待就越高。纵轴展示的是学习内容的重要性,上方的三个项目(充实导向、训练导向、实用导向)更重视学习内容本身。

再请问一遍,你偏向于哪种导向?周围的人、家人和朋友呢?

另外,这六种分类仅仅区分了学习动机的要素,并不意味着每人只能符合一项。绝大多数人都拥有其中的若干项要素。因此比较恰当的方式是,理解自己哪一项要素更为强烈。

在笔者自己身上,实用、充实、自尊导向最为强烈。如果能只保留充实导向,每天都会过得无比快乐,怎奈干这一行也需要学习大量的必要知识,而且身为研究者也必须面对激烈的竞争,所以难以舍弃实用和自尊这两种导向。

日本大多数年轻人想必会选择关系导向。

下面要说的几乎可以算作是笔者的请求:希望各位年轻人能找到关系或报酬导向以外的学习动机,可以是其余五种中的任何一种。

有目的的学习能使自己进步

笔者会做出上述请求，是因为有目的的学习可以让一个人切实进步。

这绝不是因为笔者的学者身份，或者简而言之，教书育人的习惯才这么说。说真的，笔者并不觉得所有人都得上大学，也从没有要求任何人必须不停学习。很多人不了解，大学老师其实不怎么需要刺激学生学习，都随他们自己的喜好。如果仅仅因为周围的人在做，自己也应该去做，反而只会妨碍那些真正在认真做的人。

个人感觉，对日本人来说，学习近乎义务。

有人认为学习是孩子的工作，真是大错特错。然而事实情况是，日本小孩的学习环境的确跟职场差不多，最具有象征性的便是任务形式的家庭作业了。即使长大成人，日本人也根本无法摆脱"学习＝工作"的观念，这才是最糟糕的。

一个人无论如何缺乏自我肯定、内向、不自信，在讨论和会议的场合总是安安静静坐在角落，唯独在学习这件事上还是应该由自己来做主。就算别的事情可以顺从氛围随大溜，但请千万不要在学习的目的和内容上做出丝毫让步。

至于原因，请容笔者再说一遍：有目的的学习能使自己进步。

假如你是本书中描绘的典型的好孩子综合征患者，很可能一直都将学习当成工作，从未在学习上做出自己的选择。

那么请你，不管三七二十一先选一个学习目的，然后去书店或者图书馆，带着散步的心情浏览浏览书封上的信息，或者换个更简单的方法——在网上搜索自己略感兴趣的关键词。

当然，你也可以找人商量，但笔者不是很推荐这么做。要问意见的话也请放轻松。尤其是，如果去找父母或老师，他们很可能会把这当成一件大事，将问题复杂化，而且他们的意见也可能会带有偏见，从而影响你学习的目的与方向。

原则上，学习应该是一种只为自己而做的任性。

"不想学的人教不会。"

"不追求的人得不到。"

这些都是不变的真理。有好孩子综合征的年轻人总想要别人来喂饱自己，又反过来说自己一无所有。

这是因为他们总觉得别人教会自己的东西并不属于自己，无论在课堂上或实操中学到多么重要的知识，只要是别人灌输给他们的，从真正的意义上说都不属于他们。他们拿到学分以后就把知识还给老师了，所以在求职的自我介绍时只会提到打工和社团的经历。他们又因为担心这样不够，才会到网上找答案。

若是不断重复这一过程，人这辈子都难以自我肯定。

致那些为找不到想做的事而烦恼的人

假如年满二十岁,你真正热爱的事物多半已经确定下来了,一个人真实的爱好在成年以后是很难改变的。你现在觉得喜欢、适合自己的事物未来多半也不会改变。

既然如此,就算刻意压抑这份心情,将来也只会不断感受痛苦,别以为压抑就能让它消失。

只有一条路,那就是立刻面对。

"不对不对,那些找不到自己想做的事的人该怎么办呢?"

估计日本各个地方总会有人这么问。

他们也问到点子上了。

所以我们一起来琢磨一下找不到想做的事这个问题吧。

在笔者看来,其中的原因大体能分为三类。

第一个原因是,他们误以为所谓的想做的事只能是大众认同的选项中的一个,比如搞开发、做销售、从事服务业、从事医疗业等。

当笔者问一名大三学生毕业以后想干什么时,对方的回答是这样的:

父母想让我当公务员,我觉得民营企业也不错,但是我不适合当销售……搞策划会比较有趣,但也没有觉得一定非此不可。

各位年轻读者,有没有觉得因被人戳中心事而吓一跳?

这类非常司空见惯的回答中会出现的选项——公务员、民营企业职员、销售、策划，往往都来自回答者通过少得可怜的知识而做的判断。也就是说，他们没有经过任何调查与实践，只是将大众口中的选项陈列一遍，然后说它们似乎都不是最适合自己的工作。

这也难怪他们会兴趣缺缺了。

此时应该拓展一下自己的视野。先行动起来，再将行动的结果进行记录并附上自己的评价，最好列个排名。对工作的理解度便会随之提升。

如果能在排名中发现共同之处，可以说进了一大步。

如果很难在排名中发现共同点，说明你有可能踩到了以下的两种陷阱之一（或者全部踩中了）。

找不到想做的事的第二个原因是，兴趣不在**做事**上，因为不是所有人都对**做事**抱有热情。

在笔者看来，一个人决定人生方向其实只会考虑三点：①事；②人；③环境。三者的权重因人而异，经过权衡的最终结果就是那个人的优先顺序。

对**事**提不起兴趣的人会比较看重②和③，比如喜欢和某些**人**一起工作，或者在某种**环境**下工作，以此作为将来发展的考量也毫无问题。

此时只需要注意一点——按照笔者的经验，如今的学生尤其倾向于重视②，企业的人事部对此也心知肚明。所以，他们会选出全公司最和蔼可亲的人来负责应届生的录用。

然而，应聘的学生只不过接触了几名人事部员工，就可能误以为整个公司的人都特别好相处。

如果你是一名学生，且认为自己比较重视②，即重视和怎样的人一起工作，请在应聘公司的时候拜托人事部负责人多介绍自己去认识一些其他部门的员工。虽然这么做很耗精力，还请加把劲，万一对方面露难色，就该果断放弃那家公司。

找不到想做的事的最后一个原因，可能是真的提不起任何兴趣，包括对做事、共事的人和环境。

不过那也没什么可担心的，并不意味着你就是毫无生气的人。

你只不过不适合去**寻找**自己想做的事，因为所需要的一切都已经在身边了。人的一生中，我们会很自然地爱上身边的人、事、物、环境和时间，只不过有时意识不到罢了。请相信自己的缘分，做好眼前该做的事。其实这一类人最能在所处的环境中发光发热，也很容易在坚持做事的过程中，不经意地发觉自己已经变得积极向上了。

不过，请时不时停下脚步，找可信赖的人聊聊自己的状况，毕竟旁观者清嘛。这一点很重要，请务必记得。

在不知不觉间改变行动的两种方法

笔者在前面说过，心情会随着行动改变。

对那些有想法却不知该如何行动，或者迈不出第一步的人来说，无论是在学校还是职场，都有两种脚踏实地的应对方法。

其一是"锻炼提问能力"，其二是"改变记笔记的方式"。

我们先来看"锻炼提问能力"。

在有好孩子综合征的年轻人看来,对人当面提问想必是一件难度很高的事,就像在游戏中练到五十级一样难。即便没有好孩子综合征,当面提问也是一件容易让人紧张的事。那些在大课堂上提问的学生,会让人觉得他们的心理素质好得不像地球人。

所以,锻炼提问能力就变得很有意义了,那会让人逐渐建立自信,进而变得与众不同。从明天起,请务必珍惜答疑时间,并保持全神贯注吧。

话虽如此,你也不必打从一开始就勉强自己提问。恐怕你讨厌的是被老师和主持人问及是否有问题的那个瞬间,它或许会让你有些紧张,以至于连身体都缩小了三分之一。此时大脑向你传递的信号是千万别抬头。

笔者教你一招——想一想自己在那个瞬间要提什么问题。在那之前可以先观察其他提问的人,在课堂上提问的人基本是固定的,周围人也能猜到谁会提问题,而且他们提出的问题应该也是一针见血的。

想一步登天达到那种境界是痴人说梦。

你只需关注提问者最先提出的那个问题,假如没有经过深思熟虑就走入课堂或会议室,你恐怕是很难理解那人是怎样想到这个问题的,大概只会在心中感叹:积极分子就是厉害。

然而想到问什么问题这一点跟积极与否没有关系。

就算你性格内向、酷爱稳定、是个游戏宅,在想问题方面也绝不会输给那些所谓的积极分子。

提问并不是在表达自己的意见，只是提出问题而已，"这里有点难，请再详细解释一下"或者"我可以做这样的理解吗"都是合格的问题。

在对方做出回答后说一声谢谢就行了。

最好的提问时机是老师、领导或主持人问出"还有别的问题吗"的一瞬间，也就是在别人已经问过问题之后。

提问过后，也请仔细体会自己的情绪。

如果感到很紧张，说明进步也很大。

如果心无波澜，说明你拥有提问者的天赋。

如果多少有些"我参与了"或者"我成为其中一员"的感觉，那就下次再来一遍，以确认这种情绪是否真实。

改变记笔记的方式

假如有人无论如何都锻炼不好提问能力，不妨试试以下撒手锏。

那就是改变记笔记的方式。

在课堂和会议等听别人说话的时候，你会记笔记吗？假如答案是否定的，今后请务必做一些简单的笔记。

如果你有记笔记的习惯，不妨回想一下自己平常记的内容。多半是"资料上没有，但是台上人提及的信息"，当讲台上的人提出补充一下、说到资料上没有的内容时，人们会很自然地开始记录——日本人从小就被要求养成这样的习惯。

这固然没问题，不过也请留意自己脑海中涌现出来的内容并对之进行记录。第一步，你只要对资料上引起思考的内容画个圈，在旁边画个问号就好。

将来再加上"这是什么意思""具体而言是什么"之类的评语。

当教科书、分发资料或会议资料上写满疑问和问号，我们就会自然而然地在倾听他人讲话时也重视自己的理解，而提问这件事也会变得轻松起来。因为当讲台上的人让台下人提问时，你的问题已经在笔记上写得满满当当了。

记录自己脑中所想的而非台上人所说的，这种技巧虽微不足道，但卓有成效。请各位大学生在听讲时务必灵活运用，并且在求职过程中予以实践，或许能离获得内定职位更进一步。

你已有所成长

如果做到了以上几点，就请再留意一件事——比从前稍微加快速度。"提前计划"听起来有点一本正经，笔者觉得可能用"想到就做"来形容更合适。本书读者多半有过工作临近期限的经验，在那种时刻，人们往往会将精神集中在"完成工作"上，选择临时抱佛脚。那样的过程就算重复几百遍也无法助人成长。

只要能比以往快一些行动，就能有更多时间冷静地审视自我，请在此基础上感受自己的进步。

本书即将抵达终点，不好意思，笔者想在这里留下一段自己喜欢的故事。

我喜欢散步，常会去陌生的地方走一走。有一次我觉得特别疲惫，回头才发现自己走过了一段平缓的斜坡，登上了意料之外的高处，真是把我吓了一跳。

　　当一个人感觉累的时候，说明已经爬得很高了。精神世界也不例外，艰辛意味着成长。

　　人可以感受到疲惫和艰辛，却很难体会自身的成长，尤其是在年轻的时候。

　　所以还请积极体验自己的成长。

　　每天做十次腹肌锻炼，就会多出好几块肌肉。

　　精神世界也一样，锻炼大脑其实更简单。

　　请尽量关注自己的成长，不要和别人比较，只和过去的自己比，然后乐在其中。年轻时尤其如此，纵然不再年轻，也要永远如此。

谢　词

直到最后，我都在犹豫要不要写这篇谢词。

我内心是满怀感激的，但又不知该如何表达，感情一旦化为文字就会骤然变得苍白。

所以，哪怕多花些时间，我还是想对那些帮助过我的人表达感激之情。

此刻我最想感谢的是诸位读者，确切地说，是各位边阅读边思考所花费的时间，以及思考这个行为本身。

我写书就是为了让您能拥有那样的瞬间，这一点我很确定。

当这样的思考积少成多时，当今社会也会越变越好——这是极为不合逻辑的乐观设想，但我深信不疑。

可能的话，我很想了解您的思考，但我不会强人所难。

如果您能将关于本书的思考传达给他人，我将不胜欣慰，但我也同样不予奢望。

写书宛如一段无止境的旅程，完成的瞬间会让人心满意足——怀着这样的想象，我踏上了旅途，可真的写到最后，我却没有感到一丝满足，因为在途中遭遇了许多新的课题。

面前的障碍让人望洋兴叹，但我曾对自己的学生说过：解决课题的最佳方式是自我成长。我知道自己还要继续往前走，明天还要继续不断思考，不断行动。

金间大介

2022 年 2 月

作者研究成果列表（摘录主要项目）

【学术论文：英语】

1. Kanama, D. "A comparative study of the entrepreneurial motivation of undergraduate and graduate students in Japan" *Industry and Higher Education*. 35（2）, 102-113. 2020
2. Kanama, D. "What enhances the research motivation and creativity of graduate students? New evidence from a Japanese empirical survey" *International Journal of Higher Education and Sustainability*. 1（2）, 103-118. 2016
3. Kanama, D. "An empirical study on the objective of university patents and outcome based on the accelerated examination of patent applications in Japan" *International Journal of Technological learning, innovation and development*. 8（3）, 249-264. 2016
4. Kanama, D. "What motivates young researchers in Japan?" *International Journal of Technology Intelligence and Planning*. 9（1）, 26-36. 2013
5. Miyanoshita, T., Yoshioka-Kobayashi, T. and Kanama, D. "Profiting from (not too many) package designs: evidence from a firm-level design registration analysis in the food manufacturing industry" *British Food Journal*. 122（7）, 2233-2251. 2020
6. Takano, R. and Kanama, D. "The growth of the Japanese black tea market: how technological innovation affects the development of a new market" *Journal of Economic Structures*. DOI:10.1186/s40008-019-0143-5. 2019
7. Nishikawa, K. and Kanama, D. "Examining the interaction between university knowledge and firms' innovation objectives" *Industry and Higher Education*. 33（4）,

260–274. 2019

8. Yoshioka-Kobayashi, T., Miyanoshita, T. and Kanama, D. "Revisiting incremental product innovations in the food manufacturing industry: an empirical study on the effect of intellectual property rights" *Journal of Economic Structures*. 9（34）, 1–19. 2020

9. Kanama, D. and Nishikawa, K. "What type of obstacles in innovation activities make firms access university knowledge? An empirical study of the use of university knowledge on innovation outcomes" *Journal of Technology Transfer*. 42（1）, 141–157. 2017

10. Kanama, D. and Nishikawa, K. "Does an extrinsic reward for R&D employees enhance innovation outcomes? Evidence from a Japanese innovation survey" *R&D Management*. 47（2）, 198–211. 2017

【学术论文：日语】

1. 金間大介「コロナ禍に強いイノベーションと弱いイノベーション：日本の地方企業における新型コロナウイルスとオープン・イノベーション活動の関係」IFI Working Paper No.8 東京大学未来ビジョン研究センター 2021

2. 金間大介「年齢と創造性の関係：企業における『アイデアボックス』を活用した実証分析」日本知財学会誌 17（3）, 66–76. 2021

3. 渡部俊也、平井祐理、吉岡（小林）徹、金間大介、立本博文、古谷真帆、永沼麻奈香「企業において発生するデータの管理と活用―質問票調査による実態把握」RIETI Discussion Paper Series, 21-J-017, 2021

4. 金間大介、高野里紗「産学連携における共同研究契約データを用いた実態解明」研究 技術 計画 35（3）, 339–351. 2020

5. 金間大介、伊東真知子、明谷早映子、岡村麻子、標葉隆馬、野呂高樹、福井啓介、三森八重子「新研究領域の形成と推進方策」研究 技術 計画 34（3）, 258–269. 2019

6. 西川浩平、金間大介「イノベーションの知識源としての大学の役割」経済政策ジャーナル 13（1・2）, 105–108. 2018

7. 金間大介「若手人材のアントレプレナーシップ・モチベーション」研究 技術 計画 33（2）, 134–143. 2018

8. 宮ノ下智史、吉岡（小林）徹、金間大介「産学連携・デザイン開発・品質衛生管理認証取得が企業パフォーマンスに与える影響に関する実証分析—食品製造業を対象として—」日本知財学会誌 15（1），18–27. 2018
9. 金間大介、西川浩平「アウトバウンド型オープン・イノベーションの促進要因」組織科学 51（2），74–89. 2017
10. 羽渕麻美、宮ノ下智史、金間大介「世界の食品輸出市場と日本のポジション」研究 技術 計画 31（3/4），291–296. 2016
11. 金間大介「食料品製造業におけるイノベーション活動の先行研究レビュー」研究 技術 計画 31（3/4），254–262. 2016
12. 金間大介「特許から見た地方食料品製造業の技術力と収益性—北海道をモデル地域とした実証分析—」フードシステム研究 23（2），33–43. 2016
13. 金間大介、西川浩平「外的報酬とイノベーション活動の成果に関する実証研究」日本知財学会誌 10（3），14–25. 2014
14. 金間大介「オランダ・フードバレーの取り組みとワーヘニンゲン大学の役割」科学技術動向 136, 25–31. 2013
15. 金間大介「評価グリッド法を用いた研究開発者のモチベーション構造の分析」技術と経済（日本 MOT 学会）45–51. 2012（12）
16. 金間大介「若手研究者のモチベーションの向上・低下要因の解明」研究 技術 計画 26（1/2），62–72. 2012

【著作】

1. 金間大介（分担執筆）「若手研究開発者のモチベーションに対する競争的環境の影響と企業における留意点」『研究開発者のモチベーションの高め方と実践事例』技術情報協会 2020
2. 金間大介『イノベーションの動機づけ——アントレプレナーシップとチャレンジ精神の源』丸善出版 2020
3. 金間大介、山内勇、吉岡（小林）徹『イノベーション＆マーケティングの経済学』中央経済社 2019
4. 金間大介『食品産業のイノベーションモデル—高付加価値化と収益化による地方創生—』創成社 2016
5. 金間大介『モチベーションの科学——知識創造性の高め方』創成社 2015
6. 隅蔵康一、金間大介、香坂玲、斎藤裕美『知的財産イノベーション研究の展

望——明日を創造する知財学』白桃書房 2014
7. 金間大介『技術予測——未来を展望する方法論』大学教育出版 2011
8. Kanama, D. "Intellectual Properties on nanomaterials—Trend and Strategy" in Tsuzuki, *Nanotechnology Commercialization*. Pan Stanford Publishing. chapter 7, 239-264. 2013
9. Kanama, D. "Development of technology foresight: integration of technology roadmapping and Delphi method" in Moehrle, Isenmann and Phaal, *Technology Roadmapping for Strategy and Innovation*. Blackwell Publishing. 151-171. 2013
10. Kanama, D. "Social Vision Toward 2025: Scenario Discussion based on Science and Technology Foresight" *New Challengers for Germany in the Innovation Competition*. Fraunhofer Institute for Systems and Innovation Research. chapter 4, 111-126. 2008

作者简介

金间大介（Kanama Daisuke）

金泽大学融合研究学域融合科学系　教授
东京大学未来视野研究中心　客座教授

生于北海道札幌市。横滨国立大学研究生院工学研究科物理信息工学博士，曾在弗吉尼亚理工大学研究生院、新能源及产业技术及综合开发机构（NEDO）、文部科学省科学技术及学术政策研究所工作，先后以副教授身份任职于北海道信息大学经营信息学部、东京农业大学国际食品信息学部、金泽大学人文社会研究学域经济学经营学系，2021年起担任现任职务。在取得博士学位前隶属应用物理学研究室，从事表面物理学的研究。在攻读博士学位的后期阶段，前往美国弗吉尼亚理工大学研究生院，对当时新开设的创新管理学科产生浓厚的兴趣，从此开始进行创新理论、技术经营理论、市场理论、产学合作等研究。同时也在研究"导向创新的动机"，常与业界合作从事教育和人才培育。主要著作有《赋予动机以创新：创业精神与挑战精神的源泉》（丸善出版）、《创新与市场营销经济学》（合著，中央经济社）、《动机的科学：提高知识创造性的方法》（创成社）等。